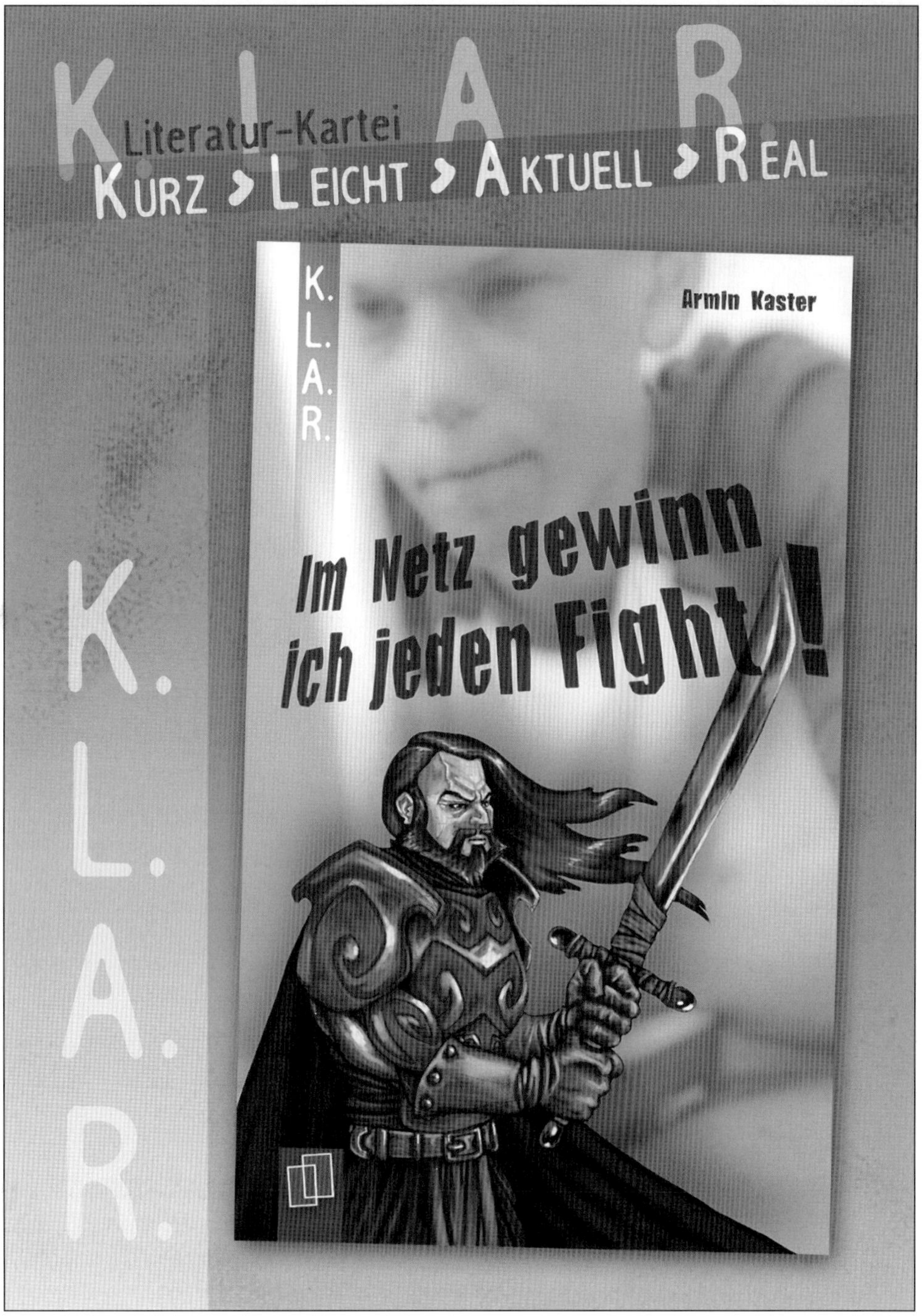

K.L.A.R.

Literatur-Kartei

KURZ ›**L**EICHT ›**A**KTUELL ›**R**EAL

Im Netz gewinn ich jeden Fight!

Armin Kaster

Verlag an der Ruhr

Impressum

Titel
Kurz – **L**eicht – **A**ktuell – **R**eal
K.L.A.R. – Literatur-Kartei:
„Im Netz gewinn ich jeden Fight!"

Autor
Armin Kaster

Illustrationen:
Magnus Siemens u.a.

Verlag an der Ruhr
Mülheim an der Ruhr
www.verlagruhr.de

Geeignet für die Klassen 7–10

Das Buch zur Literatur-Kartei:

**K.L.A.R. – Taschenbuch
Im Netz gewinn ich jeden Fight!**
Armin Kaster
12–16 Jahre, 112 S., 12 x 19 cm, Pb.
ISBN 978-3-8346-0503-0
Best.-Nr. 60503

Unser Beitrag zum Umweltschutz
Wir sind seit 2008 ein ÖKOPROFIT®-Betrieb und setzen uns damit aktiv für den Umweltschutz ein. Das ÖKOPROFIT®-Projekt unterstützt Betriebe dabei, die Umwelt durch nachhaltiges Wirtschaften zu entlasten. Unsere Produkte sind grundsätzlich auf chlorfrei gebleichtes und nach Umweltschutzstandards zertifiziertes Papier gedruckt.

Ihr Beitrag zum Schutz des Urhebers
Das Werk und seine Teile sind urheberrechtlich geschützt. Jede Verwendung in anderen als den gesetzlich zugelassenen Fällen bedarf der vorherigen schriftlichen Einwilligung des Verlages. Im Werk vorhandene Kopiervorlagen dürfen vervielfältigt werden, allerdings nur für jeden Schüler der eigenen Klasse/des eigenen Kurses. Die Weitergabe von Kopiervorlagen oder Kopien an Kollegen, Eltern oder Schüler anderer Klassen/Kurse ist nicht gestattet. Bitte beachten Sie die Informationen unter schulbuchkopie.de.
Der Verlag untersagt ausdrücklich das digitale Speichern und Zurverfügungstellen dieses Buches oder einzelner Teile davon im Intranet (das gilt auch für Intranets von Schulen und Kindertagesstätten), per E-Mail, Internet oder sonstigen elektronischen Medien. Kein Verleih. Zuwiderhandlungen werden zivil- und strafrechtlich verfolgt.

© Verlag an der Ruhr 2009
ISBN 978-3-8346-0504-7

Inhalt

Vorwort	4

KAPITEL 1
- Das Zeilenlineal 5
- Text verstanden? 6
- Ein Gespräch 7
- Anders sein 8
- Ablenkungen 9
- Überforderung 10

KAPITEL 2
- Online-Rollenspiele – Ein Lückentext 11
- Genau gelesen? 12
- Pro und Kontra 13
- Computer- und Onlinespiele 14

KAPITEL 3
- Kuddelmuddel 15
- In der virtuellen Welt 16
- Zum ersten Mal in Mystland 17
- Online-Rollenspiele 18

KAPITEL 4
- Das 10-Fragen-Spiel 19
- Im Teufelsmoor 20
- Alleine im Netz? 21
- Freunde 22

KAPITEL 5
- Worum geht es? 23
- Kreuzworträtsel 24
- Beim Handballtraining 25

KAPITEL 6
- Richtig oder falsch? 26
- Die Zeit vergessen 27

KAPITEL 7
- Silbenrätsel 28
- Sich vertragen 29
- Experten 30

KAPITEL 8
- Wer sagt was? 31
- Alles behalten? 32
- Die erste Gefahr 33
- Nervige Eltern 34

KAPITEL 9
- Satzpuzzle 35
- Virtuelle Gewalt 36
- Wie hättest du dich verhalten? 37

KAPITEL 10
- Alles verstanden? 38
- Eine Collage 39
- Suchtgefahr 40
- Online-Sucht 41

KAPITEL 11
- Alles gelesen? 42
- Ein Comic 43
- Der Streit 44

KAPITEL 12
- Worum geht es? 45
- Totale Erschöpfung 46
- Freunde verlieren 47

KAPITEL 13
- Lesen mit Hindernissen 48
- Suchtkriterien 49
- Entzugserscheinungen 50

KAPITEL 14
- Ein Rätsel 51
- Die Schlägerei 53
- Wieder zurück 54

KAPITEL 15
- Wer hat was gesagt? 55
- Fremd sein 56
- Das Ende der Freundschaft 57

KAPITEL 16
- 35 Fragen zum Roman: Ein Spiel 58
- Und jetzt ist Schluss? 59

- Wie war's? Ein Brief an den Autor 60
- Lösungen 61
- Literatur- und Linktipps 65

Vorwort

Das Taschenbuch „Im Netz gewinn ich jeden Fight!" und diese Literatur-Kartei gehören zu der Reihe **K.L.A.R.** Diese Reihe wurde speziell für sprach- und leseschwache Schüler der Klassen 7 bis 10 entwickelt. Die Buchstaben K.L.A.R. stehen für folgende Merkmale der Reihe:

K urz
- kurze Sätze
- eine insgesamt geringe Textmenge
- häufige Absätze

L eicht
- leicht verständliche Sätze
- große Schrift
- viel wörtliche Rede

A ktuell
- aktuelle Themen

R eal
- praktische Lebenshilfe durch Auseinandersetzung mit Themen aus dem Alltag der Jugendlichen

Ihr findet in dieser Literatur-Kartei Arbeitsblätter zu den folgenden drei Themenbereichen:

1. Aufgaben zur Überprüfung des Textverständnisses

Ein Schwerpunkt dieser Kartei liegt auf dem sinnentnehmenden Lesen. Anhand von Rätseln, Lückentexten und Fragen zum Inhalt könnt ihr kontrollieren, ob ihr die einzelnen Textabschnitte auch wirklich verstanden habt.

2. Aufgreifende und weiterführende Aufgaben und Aktivitäten

Auf diesen Arbeitsblättern geht es um die Ereignisse und die Personen des Romans. Ihr versetzt euch in die Figuren, gebt ihnen Ratschläge und überlegt, wie es wohl weitergehen könnte. Außerdem könnt ihr euch über den Roman hinaus mit wichtigen Themen beschäftigen und untereinander persönliche Erfahrungen austauschen.

3. Hintergrundinformationen

Auf diesen Arbeitsblättern bekommt ihr jede Menge Infos zu wichtigen Themen des Romans.

Ein weiterer Schwerpunkt dieser Unterrichtsmaterialien ist das Schreiben: Bei vielen Aufgaben werdet ihr dazu aufgefordert, eure Notizen, Ideen und Meinungen aufzuschreiben. Aus diesem Grund ist es sinnvoll, dass jeder von euch ein Arbeitsheft zur Lektüre anlegt. Auf dieses so genannte Lektüre-Arbeitsheft wird in den einzelnen Aufgaben auch immer wieder verwiesen. In diesem Heft könnt ihr alle Aufgaben sammeln, damit ihr den Überblick nicht verliert.

Das Zeilenlineal

Kapitel 1

Wenn du mit deinen Mitschülern über die Handlung des Romans sprechen möchtest, hilft es sehr, wenn du einzelne Stellen im Roman genau angeben kannst. Dazu benötigt man nicht nur die Seitenzahl, sondern besser auch noch die Zeilenangabe. Da der Roman keine Zeilenangaben hat, kannst du dir selbst ein Zeilenlineal basteln. Es wird dir dabei helfen, ganz schnell die richtige Zeile zu finden.

1. Schneide die Vorlage aus, und klebe sie auf ein Stück festes Papier oder Pappe. Schneide überstehende Pappe sorgfältig ab. Wenn du möchtest, kannst du das fertige Zeilenlineal noch laminieren. Übrigens kannst du das Zeilenlineal auch als Lesezeichen verwenden.

2. Suche die folgenden Wörter und Ausdrücke des ersten Kapitels deiner Lektüre, und notiere die Seiten- und Zeilenzahlen.

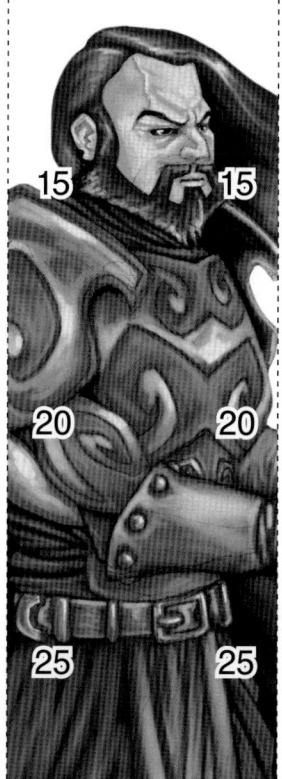

	Seite	Zeile
a) Ein paar Befehle für den Nachmittag		
b) Der Vater sah ihn an.		
c) Ego-Shooter-Spiel		
d) Im Handballverein?		
e) Bildschirmrand		
f) „Gib mal her"		
g) einen leichten Stoß		
h) klappte es nicht		

Text verstanden?

Kapitel 1

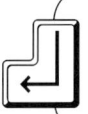 Lies das 1. Kapitel, und beantworte folgende Fragen in vollständigen Sätzen.

a) Wo arbeitet Max' Mutter?

b) Wie heißt Max' kleine Schwester?

c) Was macht der Vater, als Max nach Hause kommt?

d) Was ist dem Vater vor einem Jahr passiert?

e) Was für eine Art Computerspiel spielt Max?

f) Wie heißt dieses Spiel?

g) Wie heißen Max' Freunde?

h) Was haben oder hatten die Freunde, wonach sich Max sehnt?

i) Wie alt sind die Jungen?

j) Wie heißt das Mädchen, für das sich Patrick interessiert?

Ein Gespräch

Kapitel 1

Als Max nach Hause kommt, hat er folgendes Gespräch mit seinem Vater:

Vater: „Bist du das, Max?"

Max: „Ja … Ich bin's."

Vater: „Und? Willst du mich nicht mal begrüßen?"

Max: „Ich komme ja."

Max betritt das Wohnzimmer.

Max: „Das sieht ja wieder prächtig aus."

Vater: „Hast du was gesagt?"

Max: „Nee, das war gestern."

Vater: „Bring das mal in die Küche. Und auf dem Rückweg kannst du den Müll nach unten tragen."

1. Wer ist zu Hause, wenn du Schulschluss hast?

2. Schreibe ein Gespräch auf, wie du es mit deinen Eltern führst, wenn du nach Hause kommst (bzw. wenn sie am Abend nach Hause kommen).

3. Das Gespräch zwischen Max und seinem Vater verläuft nicht so, wie Max es sich vorstellt. Wie könnte das Gespräch zwischen Max und seinem Vater anders verlaufen? Schreibe es auf.

4. Was müsste jeder der beiden tun, damit es ein angenehmes Gespräch wäre? Schreibe deine Ideen auf.

5. Was glaubst du? Warum spricht der Vater so mit Max? Und warum gibt er ihm nur Aufgaben und Befehle?

Schreibe in dein Lektüre-Arbeitsheft!

Anders sein

Kapitel 1

S. 12

Patrick erinnerte sich an seine Frage.
„Und, was meint ihr? Hat die einen Macker?"
Tim sah zu Max und zuckte mit den Schultern.
„Na, kommt schon, Jungs! Glaubt ihr, die hat 'nen Stecher?"
Tim grinste Patrick an.
„Ich tippe auf Max", sagte Tim und verpasste
Patrick einen leichten Stoß mit dem Ellenbogen.
Patrick hielt seine Hand hoch, und sie schlugen ein.
„Du meinst den da?", fragte Patrick und zeigte mit dem
Finger auf Max. „Diesen Frauenheld da drüben?"
Tim nickte eifrig mit dem Kopf und setzte noch einen drauf.
„Der hatte schon jede, glaub mir. Auch deine Isabelle",
sagte Tim und bog sich vor Lachen.
Max saß auf seinem Stuhl und ließ die Sprüche über
sich ergehen. Gerne hätte er eine Freundin gehabt.
Aber irgendwie klappte es nicht.

Während des Gesprächs zwischen den drei Freunden wird schnell klar, dass sie sich unterscheiden und Max „anders" ist als Patrick und Tim.

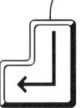

1. Beantworte die folgenden Fragen schriftlich in deinem Lektüre-Arbeitsheft:
   - Was unterscheidet Max von seinen beiden Freunden?
   - Glaubst du, dass es für Max oder für seine Freunde ein Problem ist, dass sie sich unterscheiden, oder macht ihnen der Unterschied zwischen ihnen gar nichts aus?
   - Was bedeutet „Anders sein" für dich?
   - Kennst du aus Filmen, Zeitungen etc. Personen oder Figuren, die „anders" sind?
   - Wie gefällt dir das? Was magst du an diesen Personen oder Figuren und was nicht?
   - Kannst du dir vorstellen, dass jemand dafür bewundert wird, dass er „anders" ist, oder glaubst du, dass „Anders sein" etwas Schlechtes ist?

2. Diskutiert eure Ergebnisse in der Klasse.

Ablenkungen

Kapitel 1

Max lenkt sich mit einem Computer-Spiel von seinem Alltag und seinen Problemen ab.

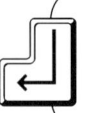

1. Max hat viele Gründe, um sich von seinem Alltag abzulenken. Welche sind es? Kreuze an.

a) Ich schreibe schlechte Noten. ☐
b) Ich muss mich um meine nervige Schwester kümmern. ☐
c) Ich finde keine Freunde. ☐
d) Mir ist immer so langweilig. ☐
e) Ich muss zu viel im Haushalt tun. ☐
f) Ich habe kein eigenes Zimmer. ☐
g) Bei uns im Haus bellt ständig ein Hund. ☐
h) Ich interessiere mich für nichts. ☐
i) Ich habe keine Aufgaben. ☐
j) Mein Vater meckert nur rum. ☐

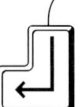

2. Wovon lenkst du dich ab, und was machst du, um dich abzulenken?

3. Manchmal kann es wirklich guttun, sich von seinen Sorgen und seinem Alltag ein wenig abzulenken, weil man dadurch den Kopf wieder frei bekommt und sich danach wieder auf wichtige Dinge konzentrieren kann. Manchmal kann es aber auch schlecht sein, wenn man sich (zu viel) ablenkt, weil man dadurch nur noch unkonzentrierter wird und sich in Unwichtigem verliert. Welche Ablenkungen sind deiner Meinung nach gut und welche schlecht?

4. Was glaubst du: Gibt es einen Zeitpunkt, ab dem Ablenkungen einem eher schaden als nützen? Woran erkennt man, dass sich jemand zu viel ablenkt und sich nicht mehr auf das Wesentliche konzentrieren kann?

Schreibe in dein Lektüre-Arbeitsheft!

Überforderung

Kapitel 1

Einerseits ist Max von seiner häuslichen Situation genervt und überfordert, andererseits wehrt er sich nicht dagegen, sondern lenkt sich ab und hilft im Haushalt mit, so gut es geht. Er weiß nicht, was er gegen seine Überforderung tun soll.

1. Stelle dir vor, dass Max in seinem Zimmer in einem Chat jemandem von seinen Problemen mit seinem Vater und dessen ständigen Forderungen erzählt. Was würdest du an seiner Stelle tun? Werde Max' Chatpartner, und gib Max einen Rat.

Name	Nachricht
Max15:	Ich weiß echt nicht, was ich machen soll. Mein Vater nervt total rum, ständig soll ich alles im Haushalt machen, und er liegt nur faul auf der Couch rum …
Mr. X:	Das kann ich gut verstehen, ich habe auf so was auch keinen Bock. Kannst du nicht mal mit deiner Mutter reden? …

2. Kennst du ähnliche Situationen? Schreibe sie in dein Lektüre-Arbeitsheft. Wie verhältst du dich in solchen Situationen?

3. Stellt euch gegenseitig diese Situationen vor, und überlegt, wie sie sich ändern lassen.

Online-Rollenspiele – Ein Lückentext

Max und seine Freunde spielen ein Online-Rollenspiel. Kennst du so ein Spiel, und weißt du, wie es geht?

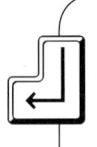

1. Lies das zweite Kapitel aufmerksam durch, und sammle alle Informationen über Online-Rollenspiele. Setze nun folgende Wörter in den Lückentext ein:

Waren – Aufträge – Level – Gold – Charakter – Gruppen – Ego-Shooter-Spiel – Geld – Waffen – Internet

Bei einem Onlinespiel spielen viele tausend Menschen gleichzeitig im _____.

Im Unterschied zu einem _____ treffen bei einem Online-Rollenspiel richtige Gegner aufeinander.

Um spielen zu können, braucht jeder Spieler einen _____.

Zwischen zwei _____ (gut oder böse) kann gewählt werden.

In einem Online-Rollenspiel gibt es verschiedene _____, für deren Erfüllung ein Spieler _____ oder _____ erhält.

Dafür kann er sich _____ oder _____ kaufen.

Je erfolgreicher ein Spieler seine Aufträge erfüllt, desto stärker wird er. Dadurch erreicht er immer höhere _____.

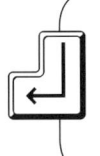

2. Tauscht euch in der Klasse aus. Was gefällt euch an Online-Rollenspielen? Spielt ihr auch regelmäßig? Welche Spiele gibt es? Wie sind die Regeln?

Genau gelesen?

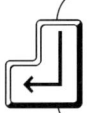

Kapitel 2

Lies das zweite Kapitel aufmerksam durch, und kreuze nur die jeweils richtige Antwort an.

1. **Wie heißt das Online-Rollenspiel?**
   a) Alien-Alarm .... ☐
   b) Mystland .... ☐
   c) Zyklop-Terror .... ☐

2. **Wie viele Gruppen gibt es in einem Online-Rollenspiel?**
   a) zwei .... ☐
   b) drei .... ☐
   c) vier .... ☐

3. **Wie heißen die Gruppen?**
   a) Rudel und Völker .... ☐
   b) Horden und Menschen .... ☐
   c) Zwerge und Riesen .... ☐

4. **Zu welcher Gruppe gehören die Zombies?**
   a) Rudel .... ☐
   b) Horden .... ☐
   c) Zwerge .... ☐

5. **Für welche Figur entscheidet sich Max?**
   a) Blutsauger .... ☐
   b) Nachtreiter .... ☐
   c) Krieger .... ☐

6. **Was ist das Besondere an einem Online-Rollenspiel?**
   a) Es ist kostenlos. .... ☐
   b) Es spielen wirkliche Menschen miteinander über das Internet. .... ☐
   c) Es ist ein besonders friedliches Spiel. .... ☐

7. **Warum kommt Max' Vater ins Zimmer?**
   a) Er befiehlt Max, das Zimmer aufzuräumen. .... ☐
   b) Es kommt ein Telefonanruf für Patrick. .... ☐
   c) Max soll seine Schwester aus dem Kindergarten abholen. .... ☐

Literatur-Kartei: „Im Netz gewinn ich jeden Fight!"

Pro und Kontra

Kapitel 2

 S. 13

Zum Laden der kostenlosen Testversion: Klicke hier.

Der Bildschirmrand ging in Flammen auf. Aus den dunklen Rauchwolken näherte sich eine Gestalt. Max erkannte einen Krieger in einer glänzenden Rüstung, mit blondem, langem Haar.

1. Max, Patrick und Tim wird im Internet die kostenlose Version eines Online-Rollenspieles angeboten. Kann man solche Angebote bedenkenlos annehmen? Oder gibt es auch Gründe, wann man vorsichtig damit umgehen sollte? Diskutiert in der Klasse, was dafür und was dagegen spricht. Tragt eure Argumente in eine Tabelle ein.

2. Die Jungen sind von Mystland begeistert. Wie verhalten sich Max, Patrick und Tim, während sie Schritt für Schritt das Spiel entdecken? Stellst du an ihren Reaktionen Unterschiede fest? Schreibe in dein Lektüre-Arbeitsheft, was dir auffällt.

3. Was begeistert Jugendliche besonders bei Online-Rollenspielen? Schreibe einige Gründe in dein Lektüre-Arbeitsheft, warum Online-Rollenspiele so faszinierend sind.

Computer- und Onlinespiele

Kapitel 2

Jugendliche spielen längst nicht mehr im Gelände oder auf dem Spielbrett, sondern hauptsächlich am Bildschirm des Computers oder der angeschlossenen Spiele-Konsole. Computer- und Onlinespiele können im Einzel- oder Mehrspielermodus bestritten werden. Im Internet können Hunderttausende sowohl gegeneinander als auch miteinander spielen.

Man unterscheidet nach Spielregeln und Zeitvorgaben.

Denkspiele, wie z.B. „Dr. Kawashimas Gehirn-Jogging", machen es sich zum Ziel, Rätsel und Aufgaben zu lösen. Die Anfänge der Computerspiele gehen auf die **Geschicklichkeitsspiele,** wie z.B. das Jump'n'Run-Spiel „Super Mario", zurück. Diese fördern die Hand-Augen-Koordination, weil mit dem Joystick oder dem Gamepad Hindernisse überwunden werden müssen.

So genannte **„Shooter"** sind **Actionspiele**, die das Spielgeschehen aus der Ich-Perspektive zeigen. Dazu gehört z.B. „Counterstrike". Die Hauptaufgabe besteht darin, menschenähnliche Gegner („bots"), Monster oder Gegenstände zu treffen.

Simulationen werden auch als **Strategiespiele** bezeichnet, weil sie das vernetzte Denken und meist auch die taktische Herangehensweise fördern. Es gibt sie für verschiedene Bereiche, wie z.B. Technik, Sportarten, Kampfsituationen, Wirtschaft oder Ökologie. „Die Sims" oder „Anno 1701" sind die bekanntesten und erfolgreichsten Strategiespiele.

Weiterhin sehr beliebt sind auch die **Adventures**, die mit Abenteuerfilmen zu vergleichen sind. In „Monkey Island" oder „Syberia" z.B. müssen die Spielfiguren Prüfungen bestehen, Rätsel lösen und auf diese Weise Missionen („Quests") erfüllen. Hat man das Spiel erfolgreich durchlaufen, heißt es „Game over".

Auch in **Online-Rollenspielen,** wie „World of Warcraft", müssen die Spieler Missionen absolvieren. Die Spielregeln beschränken sich auf die Handlungskompetenzen und die Ausstattung einzelner Figuren und Spielwelten. Die Spieler, die sich online treffen, sind in Teams („Clans") organisiert, die gemeinsam strategisch planen und vorgehen können. Das Besondere ist, dass die Spielwelten immer weiter existieren und es kein endgültiges Ziel gibt.

Informationen nach: www.mekonet.de/doku/mnkompakt/mn_kompakt_computer-online-spiele.pdf

Schreibe in dein Lektüre-Arbeitsheft!

1. **Lies den Text aufmerksam durch. Welche Spiele werden vorgestellt? Was sind die Merkmale? Notiere sie in einer Tabelle.**

2. **Welche Vorteile, welche Nachteile siehst du bei den Computer- und Onlinespielen? Vergleiche sie mit anderen Spielen (Brettspiel, Kartenspiel usw.).**

Kuddelmuddel

Kapitel 3

Uups, hier ist aber Einiges durcheinandergegangen.

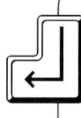

1. Bilde aus jedem Wortstreifen einen richtigen Satz.
2. Finde diese Sätze in Kapitel 3 mit Hilfe des Zeilenlineals und schreibe jeweils die Seiten- und Zeilenzahl dahinter.

a) brach Tränen Sofort warf und Nadine auf Boden in aus sich den.

b) fast Uhr Jetzt es vier war.

c) Äußeres du musst wählen Zunächst dein.

d) keine Max wie hatte das funktionierte Spiel Ahnung.

e) giftgrüne Dann Max auftauchen fünf sah Zwerge.

Literatur-Kartei: „Im Netz gewinn ich jeden Fight!"

In der virtuellen Welt

Kapitel 3

S. 19

Schon im Flur hörte Max seine Schwester schreien. Nadine hatte ein Opfer für ihre Quälereien gefunden. Sie saß auf dem Rücken eines anderen Mädchens, trat dem Mädchen in die Seite und zog an ihren Haaren. „Zieh dich an, Nadine, es ist schon spät. Wir müssen gehen", sagte er und streckte seiner Schwester die Hand entgegen.
Sofort brach Nadine in Tränen aus und warf sich auf den Boden. Dabei trommelte sie mit den Fäusten auf den Teppich.

1. Nadine verhält sich im Kindergarten auffällig. Sie schreit, tritt und trommelt auf den Teppich. Zuhause ist sie jedoch das Lieblingskind des Vaters. Was glaubt ihr:
   a) Warum verhält sich Nadine im Kindergarten so auffällig?
   b) Warum bevorzugt der Vater Nadine?
   c) Wie reagiert Max auf die Situation?
   d) Was könnte Max in dieser Situation anders machen?
   e) Wie wird sich Max wohl fühlen, wenn er immer wieder sieht, dass der Vater Nadine bevorzugt?

2. Max ist von seinem Vater und Nadine genervt und lenkt sich ab, indem er Mystland spielt. Hier fühlt er sich viel besser als in seinem richtigen Leben. Was glaubst du, woran das liegt?

3. Max wählt in Mystland den Charakter eines Kriegers für sich aus. Wieso wählt er wohl gerade diesen Charakter?

4. Stelle dir vor, du würdest ein Online-Rollenspiel erfinden. Wie sähe so ein Spiel aus? Was würde darin vorkommen? Welche Figur wärest du, bzw. was hättest du für einen Charakter? Entwirf schriftlich dein eigenes Spiel.

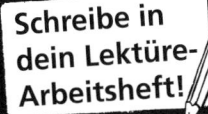

Schreibe in dein Lektüre-Arbeitsheft!

Zum ersten Mal in Mystland

Kapitel 3

S. 25

– Hallo Talados! Du bist neu hier, stimmt's?
Max las die Nachricht von Dragonheart.
Daneben sah er zwei weitere Namen.
Wolfsblut und Elbenkind.
Max drückte auf Antworten und schrieb:
– Korrekt! Und du?
– Mich gibt's hier schon länger.
Max überlegte, ob Dragonheart ein echter User war
oder nicht. Am besten fragte er ihn einfach.
– Gibt's dich auch in echt? Oder bist du ein Programm?
Jetzt schaltete sich Elbenkind ein.
– Wir sind so echt wie du, Talados.
Aus Fleisch und BLUUUT.

1. **Wie gelangt Max nach Mystland? Notiere die Schritte, die er machen muss, um das Spiel zu beginnen.**

2. **Max ist begeistert von Mystland. Notiere die Sätze, die verdeutlichen, warum das so ist.**

3. **Gleich zu Beginn lernt Max richtige Online-Rollenspieler kennen. Sprecht darüber:**
   a) Habt ihr Erfahrungen mit Online-Rollenspielen? Kommuniziert ihr im Internet mit euren Mitspielern? Wie sieht so ein Kontakt aus?
   b) Habt ihr sonstige Erfahrungen mit Internet-Kontakten (z.B. mit Chatrooms)?

Online-Rollenspiele

Kapitel 3

In einem Online-Rollenspiel kann der Spieler seine Äußerlichkeit selbst bestimmen. Auch innere Werte, Stärken und Charaktereigenschaften können zu einem gewissen Teil am Computer eingestellt werden, doch zu voller Form läuft die Rolle erst mit dem Spiel auf. Wer im Spiel erfolgreich ist, sammelt Punkte, die den „Charakter" der Figur (so wird ihre „Persönlichkeit" mit allen ihren Eigenschaften genannt) verbessern. Durch die bei Kämpfen, Missionen und Eroberungen erlangten Punkte kann man seine Persönlichkeit entwickeln und sich spezialisieren. Durch die Erfüllung der Aufträge und Missionen reift der Spielcharakter zum Helden heran, der sich in immer gefährlichere Gegenden vorwagen kann. Dank größerer Stärke, höherer Intelligenz und besserer Ausrüstung erhält der Spieler so die Chance auf neue Abenteuer.

Die ersten Aufgaben im Spiel kann jeder Spieler allein lösen, doch sobald die Anforderungen schwieriger und spezialisierter werden, braucht man in einem Online-Rollenspiel Teams von Spielern. Zu diesem Zeitpunkt beginnt sich das Rollenspiel von einem normalen Computerspiel zu unterscheiden. Über das Internet können die Teams untereinander kommunizieren und gegen andere Teams kämpfen. Die Abkürzung MMORPG steht für „Massive Multiplayer Online Role-Playing Game", eine Sammelbezeichnung für Online-Rollenspiele. Seit ca. acht Jahren gibt es diese Spiele. Als beliebteste Spiele gelten „Ragnarok" und „World of Warcraft" (WoW). Tausende Spieler können gleichzeitig ihre Kämpfe austragen und Abenteuer erleben. Unter ihnen entstehen Freundschaften, man kommuniziert über das Internet miteinander, schmiedet Allianzen und ringt mit gegnerischen Teams und um Macht und Ehre.

Informationen nach: RZ-Online, 4. April 2005.
www.rhein-zeitung.de/on/05/04/10/magazin/szene/t/rz01450562.html

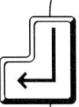

1. **Welche Informationen erhältst du in dem Text über Online-Rollenspiele? Markiere die für dich wichtigen Informationen. Falls du die Bedeutung von einigen Wörtern nicht kennst, schlage sie im Lexikon nach.**

2. **Beantworte nun in deinem Lektüre-Arbeitsheft folgende Fragen zum Text:**
   a) Wie verbessert man in einem Online-Rollenspiel seinen Charakter?
   b) Warum wollen Online-Rollenspieler ihren Charakter verbessern? Was bringt das für das Spiel?
   c) Worin unterscheiden sich Online-Rollenspiele von anderen Computerspielen?
   d) Welche beiden Online-Rollenspiele sind die bekanntesten?

3. **Informiere deine Mitschüler über die Spielregeln eines Online-Rollenspiels. Du kannst im Internet recherchieren oder aus deinen eigenen Erfahrungen berichten.**

4. **Auch in Mystland gibt es bestimmte Spielregeln. Schreibe sie in dein Lektüre-Arbeitsheft, und vervollständige deine Aufzeichnungen in den nächsten Kapiteln.**

Das 10-Fragen-Spiel

Kapitel 4

Spielanleitung:

▶ Jeder von euch liest das 4. Kapitel noch einmal ganz für sich allein.

▶ Nun überlegt sich jeder zehn Fragen zum Inhalt des Kapitels und trägt sie in die Kärtchen ein, z.B. „Womit tötet Talados den Drachen?".

▶ Teilt die Klasse in zwei Gruppen. Jeweils ein Schüler der ersten Gruppe stellt einem Schüler der zweiten Gruppe eine seiner Fragen. Beantwortet dieser Schüler sie richtig, bekommt die Gruppe einen Punkt.

▶ Der Spielleiter hält den Punktestand an der Tafel fest. Gewonnen hat natürlich die Gruppe mit den meisten Punkten.

Im Teufelsmoor

Kapitel 4

S. 30/31

– Und wie geht so ein Raid?, wollte Max wissen.
– Ganz einfach, antwortete Dragonheart. Man verabredet sich mit anderen Spielern von seiner Seite und sucht nach Gegnern.
– Manchmal suchen die auch selbst, schrieb Wolfsblut.
– Und dann vereinbart man einen Ort und die Zeit …
– … und säbelt um, was einem im Weg steht.
– Und das nicht zu knapp!

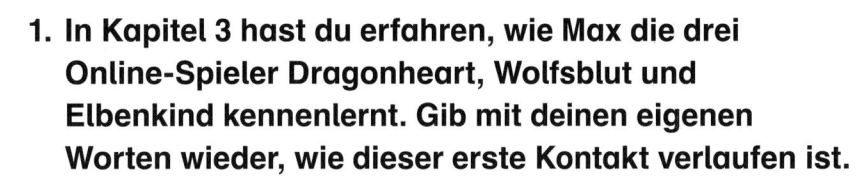

Schreibe in dein Lektüre-Arbeitsheft!

1. In Kapitel 3 hast du erfahren, wie Max die drei Online-Spieler Dragonheart, Wolfsblut und Elbenkind kennenlernt. Gib mit deinen eigenen Worten wieder, wie dieser erste Kontakt verlaufen ist.

2. Wie entwickelt sich die Beziehung zwischen Max und den drei Spielern? Schreibe auf, warum es für Max so spannend ist, mit ihnen zu spielen.

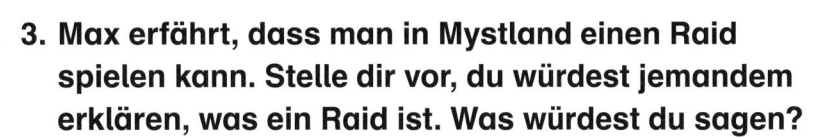

3. Max erfährt, dass man in Mystland einen Raid spielen kann. Stelle dir vor, du würdest jemandem erklären, was ein Raid ist. Was würdest du sagen?

4. Am Ende verabschieden sich die drei Spieler von Max. Warum wird Max auf einmal unruhig? Schreibe die Gründe dafür auf. Überlege auch, warum sich Max später wieder beruhigt.

Literatur-Kartei: „Im Netz gewinn ich jeden Fight!"

Alleine im Netz?

Kapitel 4

Eine aktuelle Langzeituntersuchung der Universität Leipzig, die im Rahmen der Games Convention vorgestellt wurde, hat gezeigt, dass 78% der jugendlichen Online-Spieler sich im Internet mit Freunden aus der näheren Umgebung treffen, um mit ihnen gemeinsam zu spielen. Es ergibt sich, dass Online-Spiele-Welten für Jugendliche soziale Treffpunkte darstellen.

Die Befragung von jugendlichen Online-Spielern hat weiterhin ergeben, dass fast jeder zweite Spieler über das Online-Spiel neue Freunde gefunden hat. Ein Beispiel für ein beliebtes Online-Rollenspiel ist World of Warcraft. Hier werden besonders viele Netzbekanntschaften geschlossen.

Informationen nach: http://idw-online.de/pages/de/news274924

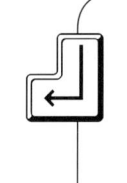

1. Fasse die wichtigsten Informationen des Textes mit eigenen Worten in deinem Lektüre-Arbeitsheft zusammen.

2. Online-Rollenspiele haben positive und negative Aspekte. Lies den Text, und nenne die Aspekte, die im Text als positiv genannt werden. Überlege auch, ob dir negative Aspekte einfallen. Was findest du selbst gut oder schlecht an Online-Rollenspielen?

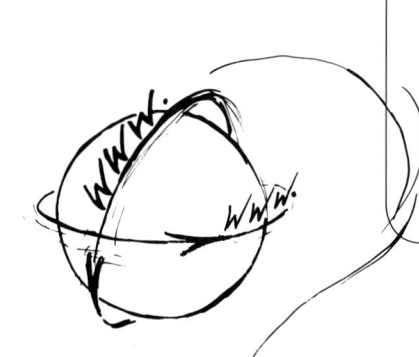

Online-Rollenspiele

positive Aspekte	negative Aspekte

Freunde

Kapitel 4

Gute Freunde stehen in jeder Lebenslage zueinander. Sie unterstützen sich bei Problemen, in Krisensituationen und teilen sich Sorgen und Nöte. Viele lernen bereits im Kindergarten oder in der Grundschule Freunde kennen, mit denen sie sich ein Leben lang verbunden fühlen. Doch Freundschaften müssen gepflegt werden. Mit den meisten Freunden trifft man sich regelmäßig, um sich auszutauschen und gemeinsam etwas zu unternehmen.

Durchaus kommt es im Laufe der Jahre dazu, dass Freundschaften auseinanderbrechen. Nicht immer ist daran ein Streit schuld. Auch ein Umzug kann beispielsweise dazu führen, dass sich Freunde aus den Augen verlieren, wenn gemeinsame Aktivitäten nicht mehr möglich sind und es nicht gelingt, den Kontakt aufrechtzuerhalten.

Auch neue Freunde zu finden, ist meist gar nicht so leicht. Manchmal traut man sich einfach nicht, einen Schritt auf unbekannte Personen zuzugehen. Das Internet macht vieles leichter. Hier kann man selbst dann Freunde finden, wenn die Zeit knapp ist oder der persönliche Kontakt schwerfällt.
In Portalen, Communitys, Chats, Spielen oder Foren können sich Computernutzer austauschen und sich kennenlernen.

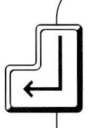

1. **Lies den Text aufmerksam durch.**
   Was ist der Unterschied zwischen Internet-Freunden und Freunden, die du wirklich triffst?
   Schreibe die wichtigsten Unterschiede auf.

2. **Wie ist das, wenn ihr neue Leute kennenlernt?**
   Erzählt euch gegenseitig davon.

3. **Denke einmal über dich selbst nach.**
   Warum sind Freunde wichtig?
   Schreibe mindestens fünf Gründe auf.

Literatur-Kartei: „Im Netz gewinn ich jeden Fight!"

Worum geht es?

Kapitel 5

Schreibe in dein Lektüre-Arbeitsheft!

1. **Lies das 5. Kapitel, und beantworte die Fragen.**
   a) Worum geht es bei dem Streit zwischen Max' Eltern?
   b) Was stört die Mutter?
   c) Wie reagiert der Vater?
   d) Wie verhält sich Nadine während des Streits?
   e) Was möchte Max am liebsten tun?
   Und was tut er wirklich?

2. **Wie würdest du das Zusammenleben dieser Familie beschreiben?**

3. **Versetze dich in die Rollen von Max' Eltern. Stelle jeweils aus der Sicht der Mutter und der des Vaters dar, was sie über ihre aktuelle Lebenssituation sagen würden.**

Beispiel:
Mutter: Als ich gestern Abend sehr spät von einem anstrengenden Arbeitstag nach Hause kam, dachte ich, mich trifft der Schlag. Wieder einmal lag mein Mann faul auf der Couch und starrte in den Fernseher …

Literatur-Kartei: „Im Netz gewinn ich jeden Fight!"

Kreuzworträtsel

Kapitel 5

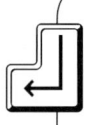

Wenn du die ersten Kapitel gründlich gelesen hast, kannst du das Kreuzworträtsel sicher schnell lösen.

Denke daran, dass die Umlaute sich ändern:
ö, ä, ü werden zu oe, ae und ue, ß wird zu ss.

Waagerecht
1. Bezeichnung für die beiden feindlichen Heere
2. Max' Name in Mystland
3. Was ist Mystland für ein Spiel?
4. Name eines der Online-Spieler
5. Was lesen die Jungs vor dem ersten Spiel?
6. Wo verabreden sich die drei Spieler mit Max zuerst?
7. Name des Online-Rollenspiels
8. Name von Patricks Schwarm
9. Was stürzt in der Küche zusammen?

Senkrecht
1. Sportart, die Max betreibt
2. Name des Computerspiels, das Max von seinen Eltern zu Weihnachten bekommt
3. Nadines Kosename (vom Vater)
4. Was ist Alien-Alarm für ein Spiel?
5. Name eines der beiden Freunde von Max

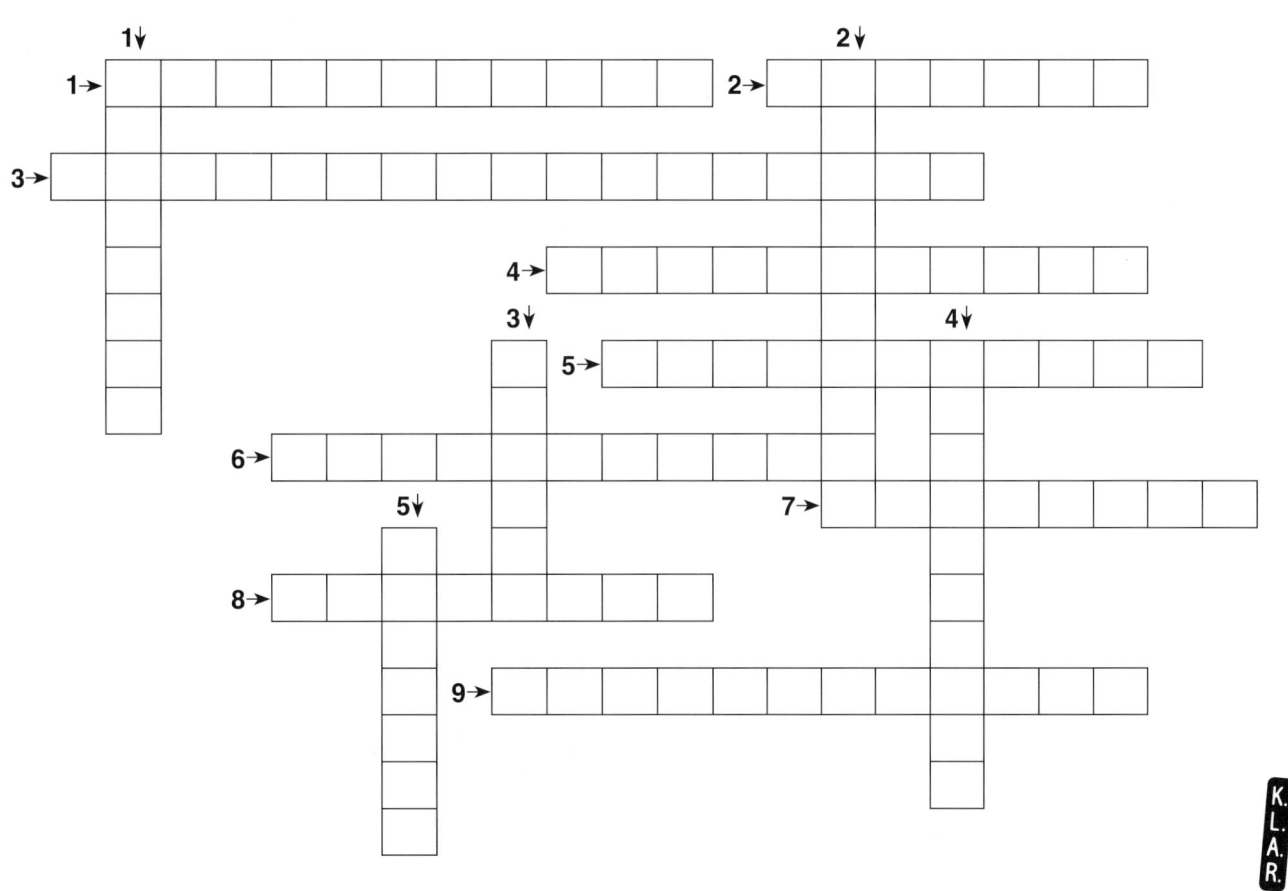

Literatur-Kartei: „Im Netz gewinn ich jeden Fight!"

Beim Handballtraining

Kapitel 5

S. 37

Die Jungs waren schon in der Kabine, als er ankam. Den Trainer hörte Max bis draußen.
„Alles klar, Jungs. Wir müssen noch was für die Deckung tun. Also, Bekir, du gehst in die Mitte, und Patrick auf halb rechts, klar?"
Max betrat die Kabine und nickte kurz. Zu spät kommen war immer blöd. Besonders bei Eddi.

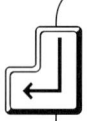

1. Nach dem Streit mit seinen Eltern kommt Max zu spät zum Handballtraining. Wie entwickelt sich die Situation? Notiere die wichtigsten Sätze.

2. Eddi ist wütend auf Max wegen des Testspiels beim Training. Diskutiert:
   a) Verhält Eddi sich richtig?
   b) Hätte sich Max anders verhalten können? Wenn ja, wie?

3. Stelle dir vor, Max hätte am Ende des Trainings die Sporthalle nicht wortlos verlassen, sondern seine Gefühle in der Umkleidekabine ausgesprochen. Schreibe einen anderen Schluss des Kapitels auf.

„Als sie die Umkleide betraten, verstummten die Gespräche für einen kurzen Moment. Max warf seine Sachen in die Tasche und wartete darauf, dass jemand etwas zu Eddis Entscheidung sagte. Aber Fehlanzeige. Selbst Patrick und Tim sagten nichts. Da wurde es Max zu viel …

Literatur-Kartei: „Im Netz gewinn ich jeden Fight!"

Richtig oder falsch?

Kapitel 6

1. Lies das Kapitel 6 noch einmal aufmerksam durch.
2. Lies nun die folgenden Aussagen, und kreuze an, ob sie richtig oder falsch sind.
   Schreibe in die letzte Spalte der Tabelle, auf welcher Seite und in welcher Zeile/in welchen Zeilen du die Antwort gefunden hast.

	richtig	falsch	Seite/Zeile
a) Max' Eltern haben bereits beide Raten für die Klassenfahrt bezahlt.			
b) Dragonheart, Wolfsblut und Elbenkind sind online.			
c) Talados trifft einen Zauberer.			
d) Im Spinnenwald gibt es einen Auftrag für Talados.			
e) Der Spinnenwald liegt im Osten von Mystland.			
f) Max braucht einige Stunden bis zum Spinnenwald.			
g) Talados wird von Spinnen angegriffen.			
h) Die Spinnen verwandeln sich in Säbel.			
i) Max kann einige Edelsteine sammeln.			
j) Max spielt die ganze Nacht durch.			

Literatur-Kartei: „Im Netz gewinn ich jeden Fight!"

Die Zeit vergessen

Kapitel 6

Als er auf die Uhr sah, war es bereits halb eins.
„Hä? Wie geht das?"
Max schaute zur Sicherheit noch auf den Wecker neben seinem Bett. Auch dort war es halb eins nachts.
„Ich habe drei Stunden gespielt!"
Etwas irritiert stand Max auf und beendete das Spiel.

S. 45

Max spielt zum ersten Mal mehrere Stunden lang Mystland. Dabei vergisst er die Zeit. Kennst du das auch?

Schreibe in dein Lektüre-Arbeitsheft!

1. **Wie würdest du dich fühlen, wenn du an Max' Stelle wärest und bis spät in die Nacht am PC gespielt hättest?**

2. **Wie erklärst du dir, dass Max die Zeit vergessen konnte.**

3. **Sammle Situationen, in denen du schon einmal die Zeit vergessen hast.**

4. **Kennst du das auch, dass eine Stunde manchmal einfach nicht enden will und sie manchmal wie im Flug vergeht? Suche dir einen Partner, und überlege mit ihm gemeinsam, wann die Zeit schnell vergeht und wann nicht.**

Literatur-Kartei: „Im Netz gewinn ich jeden Fight!"

Silbenrätsel

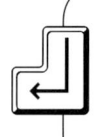

Kapitel 7

Lies das Kapitel 7 noch einmal aufmerksam durch. Ergänze die Wörter in den Lücken. Die Silben im Kasten helfen dir dabei. Achte auf die Groß- und Kleinschreibung.

a) Herr Roland verteilt Zettel mit Informationen für die _____.

b) Am Montag schreibt die Klasse eine _____.

c) Die letzte Arbeit hatte einen schlechten _____.

d) Patrick und Tim laufen Max durchs _____ nach.

e) Max berichtete von dem _____ Raid.

f) Der Vater holt _____ ab.

g) Talados war am letzten Abend in _____.

h) In Golgar bekommt man _____.

i) Dragonheart ist tagsüber in der _____.

ar – beit – dine – durch – fahrt – fen – ge – haus – klas – land – ma – myst – na – pen – plan – schnitt – sen – ten – ter – the – trep – un – waf – welt

Sich vertragen

Kapitel 7

Als es zur Pause schellte, sprangen alle auf und stürmten nach draußen. Max ließ sich Zeit. Er war noch immer sauer auf Patrick und Tim, weil er sich von ihnen beim Training im Stich gelassen fühlte. Im Flur warteten sie auf ihn.
„Ey Mann, wo bleibst du denn?", fragte Tim.
Max sah ihn kurz an und ging einfach weiter.
„Jetzt warte doch mal", rief Patrick.
Sie folgten ihm durchs Treppenhaus bis auf den Pausenhof.
Max stellte sich an den Rand und sah in eine andere Richtung.
„Reg dich ab, Alter. Oder glaubst du, wir finden das gut, was Eddi macht?"
Patrick hatte Recht. Was konnten die beiden schon dafür, dass Eddi einen Sockenschuss hatte?
Max sah sie an und grinste. Er hielt die Hand auf, und sie schlugen ein.

S. 47

Max ist noch sauer und enttäuscht, weil Tim und Patrick nach dem Handballtraining geschwiegen hatten.

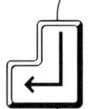

1. **Diskutiert in der Klasse darüber, wie es ist, von seinen Freunden im Stich gelassen zu werden. Habt ihr so etwas schon einmal erlebt? Wie habt ihr euch dabei gefühlt? Überlegt auch, ob ihr schon einmal selbst jemanden im Stich gelassen habt.**

2. **In der Szene vertragen sich die drei Freunde recht schnell. Warum ist Max zum Schluss nicht mehr wütend auf Tim und Patrick? Schreibe seine Gedanken auf.**

   Am liebsten würde ich gar nicht mehr mit den beiden reden. Sie hätten zu mir stehen müssen und Eddi die Meinung sagen sollen. Aber …

3. **Manchmal kann es schwer sein, sich nach einem Streit zu vertragen. Gibt es eine Situationen für dich, nach der du dich nicht mehr mit deinen Freunden vertragen würdest? Hast du schon einmal jemandem die Freundschaft gekündigt? Diskutiert in der Klasse darüber.**

Experten

Kapitel 7

Max kennt sich immer besser in Mystland aus. Dragonheart erklärt ihm in ein paar Sätzen, wie er nach Golgar kommt, und Max kann den Hinweisen mittlerweile ganz gut folgen. Auch du wirst immer mehr zum Experten von Online-Rollenspielen und anderen Computerspielen. Dieser Text liefert dir noch einmal einige Erklärungen im Überblick:

> Bevor Max sich für Mystland zu begeistern beginnt, spielt er ein Ego-Shooter-Spiel, das seine Eltern ihm geschenkt haben. Wie viele Begriffe aus der Computer-Sprache setzt sich auch „Ego-Shooter" aus zwei Wörtern zusammen. „Ego" kommt aus dem Griechischen und bedeutet „ich"; „Shooter" ist englisch und heißt „Schütze" oder „Schießspiel". Das Besondere an diesen Spielen ist, dass der Spieler eine dreidimensionale Welt betritt, die aus den Augen eines menschlichen oder menschenähnlichen Charakters gezeigt wird. Mit Hilfe von Schusswaffen muss sich der Spieler den Gegnern und Monstern zur Wehr setzen. Die Spielfigur wird auch als „Avatar" bezeichnet. Es handelt sich dabei um einen virtuellen Stellvertreter einer „echten" Person. Der reale Benutzer schafft sich durch eine Darstellung, Animation oder eine Karikatur im Internet eine künstliche Identität. Der Begriff „Avatar" ist abgeleitet von „avatara" und bedeutet in den indischen Religionen „Inkarnation", also die Verkörperung eines Gottes auf Erden.

Schreibe in dein Lektüre-Arbeitsheft!

1. **Lies den Text gründlich durch.** Stelle dir vor, du würdest deinen Eltern erklären, was ein „Ego-Shooter" und was ein „Avatar" ist. Beschreibe die Begriffe mit deinen eigenen Worten so, dass sie es verstehen würden. Schlage auch in einem Lexikon nach.

2. **Neben diesen beiden Begriffen hast du bereits andere Wörter kennengelernt,** die in Online-Rollenspielen wichtig sind. Lege ein Glossar, also eine Liste mit Wörtern der Computer-Sprache mit Erklärungen, an. Nimm folgende Begriffe auf, und erkläre sie wie in dem Text oben zu den Ego-Shooter-Spielen: *Level, Rudel, Legion, Krieger, Hauptgegner, Raid, Unterwelt, Quest.*

3. **Kannst du dein Glossar noch ergänzen?** Lies dir die Regeln und Besonderheiten von Mystland in deinem Lektüre-Arbeitsheft dazu noch einmal aufmerksam durch.

Wer sagt was?

Kapitel 8

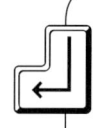

Hast du Kapitel 8 aufmerksam gelesen? Verbinde die Redesätze mit der Person, die sie gesagt hat.

a) Willkommen, mein Freund. Was kann ich für dich tun?

b) Wer sagt's denn? Die Axt ist auch dabei.

c) Hier hast du eine hübsche Auswahl an Waffen.

d) Ich glaube, jetzt kann der Raid langsam kommen, oder?

e) Wer hat dir denn diesen Mist erzählt?

f) Und wer sagt mir, dass du nicht lügst?

g) Oh, Alter, das war knapp.

h) Oh …, das habe ich nicht gewusst.

i) Alles klar? Oder zicken deine Alten wieder rum?

j) Ich muss los.

k) Ey, wart mal. Ich komm mit.

- Max
- Patrick
- Kobold
- Tim
- Waffenhändler

Literatur-Kartei: „Im Netz gewinn ich jeden Fight!"

Alles behalten?

Kapitel 8

Auch wenn du kein Online-Rollenspiel-Kenner bist, kannst du die folgenden Fragen beantworten, wenn du Kapitel 8 aufmerksam gelesen hast. Gib dir für jede richtige Antwort einen Punkt. Bei weniger als sieben Punkten solltest du das Kapitel noch einmal lesen.

1. **Was erwirbt Talados in der Waffenschmiede von Golgar?**
   a) eine Axt ☐
   b) eine Pistole ☐
   c) einen Säbel ☐

2. **Womit wird bei dem Handel gezahlt?**
   a) mit Talern ☐
   b) mit Gold ☐
   c) mit Edelsteinen ☐

3. **Wer gibt Talados den Hinweis, nach Iltarus zu gehen?**
   a) ein Kobold ☐
   b) ein Nachtreiter ☐
   c) Dragonheart ☐

4. **Auf wen soll Talados in Iltarus treffen?**
   a) auf Spinnen ☐
   b) auf Samuranen ☐
   c) auf Waffenhändler ☐

5. **Wen trifft Talados auf dem Weg nach Iltarus?**
   a) einen Kobold ☐
   b) Dragonheart ☐
   c) Wolfsblut ☐

6. **Wie wird Talados vor Iltarus gewarnt?**
   a) In Iltarus leben die Tauren. ☐
   b) In Iltarus leben die Flughunde. ☐
   c) In Iltarus leben die Blutsauger. ☐

7. **Was muss Max anklicken, um eine Liste mit seinen „Freunden" zu sehen?**
   a) „Friends" ☐
   b) „Verbündete" ☐
   c) „Intern" ☐

8. **Wann will Max einen Raid spielen?**
   a) Samstag ☐
   b) Sonntag ☐
   c) Montag ☐

Literatur-Kartei: „Im Netz gewinn ich jeden Fight!"

Die erste Gefahr

Kapitel 8

S. 54

„Oh, Alter, das war knapp", ächzte Tim.
„Kannst du wohl sagen", sagte Max.
Er spürte noch immer, wie sein Herz pochte.
Er wollte gar nicht wissen, wie es im Land der Blutsauger gewesen wäre.

Nach der ersten gefährlichen Situation in Mystland sind die drei Freunde Max, Patrick und Tim erleichtert, dass sie noch mal gut ausgegangen ist.

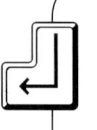

1. Versetze dich wahlweise in Talados, den Nachtreiter oder den Kobold, und beschreibe die Szene noch einmal aus einer anderen Perspektive. Wie erlebt die jeweilige Figur die Situation im Spiel?

2. Warum schickt der Nachtreiter Talados nach Iltarus? Was denkt der Kobold über Talados?

3. Was wäre wohl passiert, wenn Max nicht auf den Kobold gehört hätte und trotzdem nach Iltarus gegangen wäre? Wäre er tatsächlich den Blutsaugern begegnet?

4. Wie stellst du dir Iltarus vor? Zeichne die Welt auf ein Plakat. Diskutiert eure Ergebnisse, und hängt sie in der Klasse auf.

Nervige Eltern

Kapitel 8

Im 8. Kapitel verbringen die Jungen einen ganzen Nachmittag mit dem Online-Rollenspiel. Erst durch den Anruf von Tims Eltern werden sie im Spiel unterbrochen.

1. Tim, Patrick und Max haben völlig verschiedene Familiensituationen. Stelle die Unterschiede heraus, und schreibe sie auf. Lege dazu eine Tabelle an. Beachte dabei vor allem, wie die Eltern darauf reagieren, dass ihre Kinder Mystland spielen.

	Tim	Patrick	Max
Familiensituation			
Reaktion der Eltern, dass die Freunde Mystland spielen			

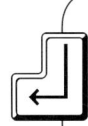

2. Setzt euch in Kleingruppen zusammen. Geht gemeinsam Situationen durch, wo euch eure Eltern lästig sind und nerven.

3. Wie wäre das Leben ohne Eltern? Was wäre anders? Was liefe besser, was schlechter? Diskutiert gemeinsam, und schreibt die Ergebnisse auf.

4. Wie würde ein Tag ohne Eltern aussehen? Notiere in deinem Lektüre-Arbeitsheft, wie du dir die Zeit ohne Grenzen und Regeln gestalten würdest.

Satzpuzzle

Kapitel 9

Folgende Sätze stammen aus dem 9. Kapitel des Romans. Aber welche Sätze gehören zusammen? Verbinde die Sätze, und schreibe sie anschließend ab.

a) und schiebst schlechte Laune.

b) In der Zentaurenarena

c) aber trotzdem ging von den Zentauren etwas sehr Bedrohliches aus.

d) saß da sein Vater auf dem Stuhl.

e) mit denen er den Tiger besiegte.

f) stellte der Vater den Ton einfach lauter.

g) Sie trugen keine Waffen,

h) Du hängst den ganzen Tag vor der Glotze

i) Doch Max bekam von seinen Freunden einige gute Tipps,

j) war es vor allem dunkel.

k) Wie ein Häufchen Elend

l) In diesem Moment wusste er ganz genau,

m) der Feuer spuckte.

n) dass er nach Mystland gehörte.

o) Sofort kam ein riesiger Tiger in die Arena,

p) Doch anstatt zu antworten,

Virtuelle Gewalt

Kapitel 9

In den letzten Jahren ist die Zahl der Spieler von Online-Rollenspielen konsequent angestiegen. Das übergeordnete Ziel dieser Spiele ist es, zu vernichten, was sich einem in den Weg stellt.

Will man das große Interesse an gewalttätiger Unterhaltung erklären, muss man den Ursprung des Menschen in der Steinzeit in den Blick nehmen. Es liegt nämlich in der Entwicklung des menschlichen Gehirns begründet, dass uns die Konstruktion einer virtuellen Welt begeistert. Zur Veranschaulichung können die folgenden Geschichten herangezogen werden:

Der Steinzeitmensch Fred steht auf einem kleinen Hügel. Während er darauf wartet, ein Mammut töten zu können, um seinen Stamm zu erhalten, wird er von einer Jägergruppe mit einer Keule erschlagen. Daraufhin springen seine Stammesangehörigen aus ihrem Versteck und bewerfen die Jäger mit Speeren. In einer virtuellen Welt wiederholt sich diese Szene nun ungefähr zwei Millionen Jahre später. Wieder steht Fred auf einem kleinen Hügel. Das Abenteuer von Fred besteht darin, die Flagge seines Gegners zu stehlen und sie in seine Basis zu holen. Erst dann erhält er einen Punkt. Kaum wirft er die erste Granate auf den Wächter der Flagge, wird Fred jedoch vom gegnerischen Volk mit einer Rakete erschossen. Daraufhin springen die Mitglieder seines Teams aus ihrem Versteck und befeuern die Gegner mit Massenvernichtungswaffen.

Bei dem zweiten Fred handelt es sich um das virtuelle Gegenstück eines jungen Computernutzers, der ein Online-Rollenspiel spielt. Dieser Nutzer erhält hier die Möglichkeit, seinen natürlichen Veranlagungen freien Lauf zu lassen. In unserer Gesellschaft hingegen ist das Handeln, das uns die Natur durch den Jagdinstinkt vorgibt, nicht gestattet. Während die Realität Gewalt nicht zulässt, bietet die virtuelle Welt Raum dafür. Wer demnach seine Aggressionen in der wirklichen Welt nicht ablassen kann, braucht die Vorstellung in seiner Fantasie, vor dem Chef die Fäuste spielen zu lassen. Die virtuelle Gewalt dient dazu, Spannungen zu entladen und negative Gefühle zu verarbeiten.

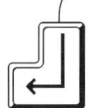

Informationen nach: http://hpd.de/node/625

---

1. Lies den Text gründlich durch, und beantworte folgende Fragen:
   a) Was hat der Steinzeitmensch Fred mit dem Fred des Online-Rollenspiels gemeinsam?
   b) Wie wird virtuelle Gewalt hier dargestellt?
   c) Warum fasziniert es, in eine virtuelle Welt einzutauchen?

2. Was hältst du von dem Text? Hast du die gleiche Meinung über Online-Rollenspiele?

3. Diskutiert in eurer Klasse: Kann virtuelle Gewalt auch echte Gewalt hervorrufen?

Wie hättest du dich verhalten?

Kapitel 9

Die Spieler in Mystland haben ihre ganz eigene Sprache. Hier findest du einen Ausschnitt aus der Unterhaltung von Dragonheart, Talados und Elbenkind:

Dragonheart: – Hey Talados, wo warst du? Wir haben gewartet.

Talados: – Hatte was zu erledigen.

Elbenkind: – Und dass wir bald einen Raid haben, hast du wohl vergessen?

[…]

Talados: – Nein, auf keinen Fall. Meine Mutter war im Krankenhaus. […] Aber jetzt bin ich ja da. Und was geht?

Dragonheart: – Wir sind in der Zentraurenarena. Kannst ja auch kommen. Oder musst du vorher deine Mutter fragen?

Max wundert sich zunächst über die Sprache von Elbenkind. Er schämt sich, dass er in Mystland von seiner Mutter geschrieben hat. Das war bestimmt uncool. Deshalb tut er so, als hätte er die letzte Frage von Dragonheart nicht mitbekommen. Max weiß nicht genau, wie er auf die Sticheleien der drei Online-Spieler reagieren soll.

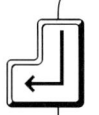

1. Setze dich mit einem Partner zusammen. Schreibt die Gründe auf, warum die Online-Spieler so seltsam reagiert haben.

2. Diskutiert zu zweit: Ist es peinlich, dass Max etwas über den Krankenhausbesuch bei seiner Mutter schreibt? Begründet eure Meinung.

3. Überlegt euch gemeinsam, wie Max wohl am besten reagiert hätte. Schreibt das Gespräch auf.

Zum Weiterarbeiten: Im 9. Kapitel hast du wieder einiges über Mystland erfahren. Trage die neuen Regeln und Besonderheiten in deinem Lektüre-Arbeitsheft nach.

Alles verstanden?

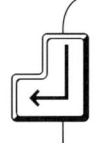

Kapitel 10

1. Beantworte die folgenden Fragen in vollständigen Sätzen, und gib die Seite und Zeile an, in der du die Lösung findest.

a) Welche Nachrichten überbringt Herr Roland der Klasse?

b) Was befürchtet Max für die Zeit in der Jugendherberge?

c) Was haben Tims Eltern gemacht?

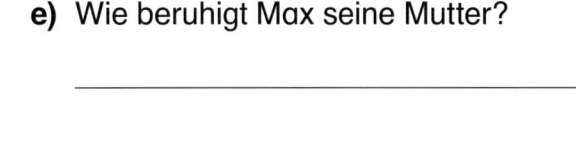

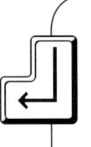

d) Worum bittet Wolfsblut Max?

e) Wie beruhigt Max seine Mutter?

2. Entwirre den Buchstabensalat. Bringe die Wörter in die richtige Reihenfolge, und schreibe die Sätze in dein Lektüre-Arbeitsheft. Gib die Seite und Zeile an, in der du die Lösung findest.

a) warMaxspätnienochgekommenzu.

b) durcheinanderAllewildriefen.

c) ZeigerDiesesgingGelaberganzeihmziemlichdenauf.

d) zogenNachtfastBismitSpielstärkeindievierdiehineingleicherMystlanddurch.

e) ZimmerKopfschüttelndMutterverließseinedas.

Eine Collage

Kapitel 10

Für Max gibt es einen zunehmenden Konflikt zwischen seinem normalen Leben und der Spielwelt von Mystland.

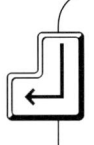

1. **Wie entwickelt sich Max' Innenleben, und wie verhält er sich nach außen? Lies das Kapitel 10 noch einmal aufmerksam, und lege eine Tabelle an. Trage ein, wie sich Max fühlt (Max' Innenleben) und wie er sich verhält (Max' Verhalten nach außen).**

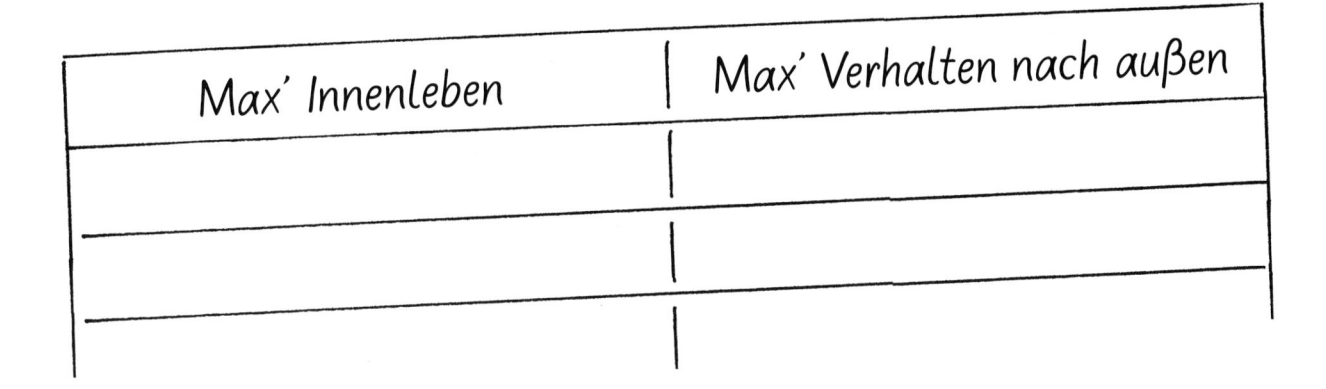

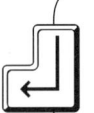

Max' Innenleben	Max' Verhalten nach außen

2. **Fertige eine Collage an, in der du auf der einen Seite Max' Spielwelt und auf der anderen Seite seine Außenwelt darstellst. Gehe dabei folgendermaßen vor:**

   - Falte ein großes Blatt in der Mitte. Die linke Seite stellt die Spielwelt, die rechte die Außenwelt dar.
   - Nun schneidest du aus Zeitschriften, Zeitungen oder Broschüren Zeichnungen, Fotos und Textausschnitte aus, die deiner Meinung nach zu der einen oder der anderen Seite gehören. Bedenke dabei, welche Figuren/Personen in den Welten eine Rolle spielen und wie die Umgebungen im Roman beschrieben werden.
   - Du kannst natürlich auch etwas zeichnen. Deiner Fantasie sind keine Grenzen gesetzt.
   - Ordne das Material, und klebe es dann auf die entsprechende Seite.

3. **Präsentiere dein Ergebnis in der Klasse, und vergleiche deine Collage mit den anderen.**

Literatur-Kartei: „Im Netz gewinn ich jeden Fight!"

Suchtgefahr

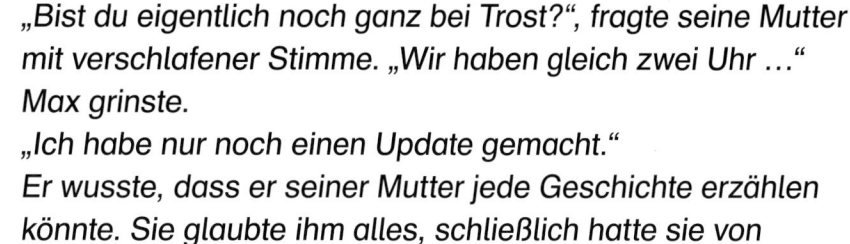

Kapitel 10

„Bist du eigentlich noch ganz bei Trost?", fragte seine Mutter mit verschlafener Stimme. „Wir haben gleich zwei Uhr ..."
Max grinste.
„Ich habe nur noch einen Update gemacht."
Er wusste, dass er seiner Mutter jede Geschichte erzählen könnte. Sie glaubte ihm alles, schließlich hatte sie von Computern ja keine Ahnung.
„Ich gehe jetzt ins Bett, Mama. Schlaf gut.
Und gute Besserung."
Kopfschüttelnd verließ seine Mutter das Zimmer.
Als er hörte, wie sich die Tür zum Schlafzimmer wieder schloss, spielte er einfach weiter.
Max hatte noch lange nicht vor, schlafen zu gehen.

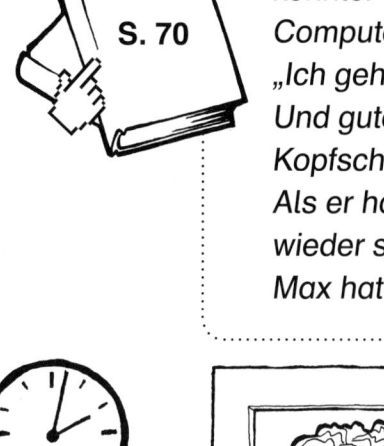

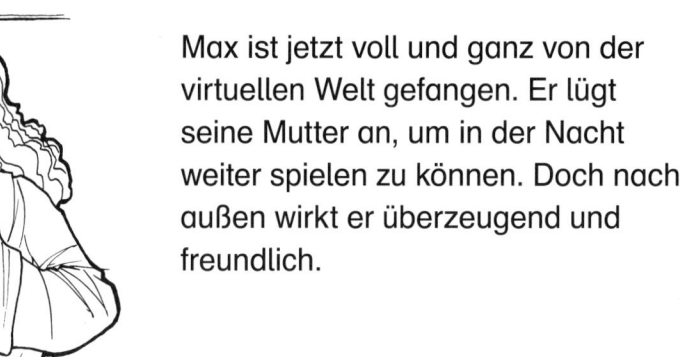

S. 70

Max ist jetzt voll und ganz von der virtuellen Welt gefangen. Er lügt seine Mutter an, um in der Nacht weiter spielen zu können. Doch nach außen wirkt er überzeugend und freundlich.

1. **Was wäre wohl passiert, wenn die Mutter Max das Spielen verboten hätte? Schreibe einen anderen Schluss des Kapitels in dein Lektüre-Arbeitsheft.**

2. **Gibt es Situationen, in denen du ähnlich wie Max reagiert hast? Notiere sie in deinem Lektüre-Arbeitsheft. Wenn es dir nicht unangenehm ist, könnt ihr in kleinen Gruppen über diese Situationen sprechen.**

Literatur-Kartei: „Im Netz gewinn ich jeden Fight!"

Online-Sucht

Kapitel 10

Eine Studie aus dem Jahr 2005 hat ergeben, dass von den 35 Millionen Deutschen, die vernetzt sind, fast 1,5 Millionen süchtig sind. Dafür genügt es, fünf Stunden pro Tag online zu sein. Online-Sucht ist im Gegensatz zu anderen Abhängigkeiten, wie z.B. von Zigaretten und Alkohol, eine Verhaltenssucht, die sich nicht auf eine bestimmte Substanz konzentriert. Forscher der Berliner Humboldt-Universität fanden heraus, dass etwa zehn Prozent der vernetzten Jugendlichen suchtgefährdet sind. Meistens ist der Auslöser für eine Sucht der Versuch, vor der Realität zu fliehen. Online-Süchtige bilden sich häufig ein, sie würden ausschließlich im Internet positive Bestätigung finden.

Die Benutzer treffen im Netz auf Gleichgesinnte. Durch die Möglichkeit, sich mit Menschen aus der ganzen Welt auszutauschen, brechen viele die Kontakte zu Personen aus dem Umfeld ab. Angehörige haben es oft schwer, an Internet-Süchtige heranzukommen. In Einzelfällen muss der Computer entfernt und der Süchtige auf andere Gedanken gebracht werden. Die Symptome der Süchtigen ähneln sich: Isolation, Depressionen und Entzugserscheinungen. In nicht seltenen Fällen kann die Sucht zum Verlust des Arbeitsplatzes, zu Scheidung oder zum Abrutschen in die Kriminalität führen.

Informationen nach: www.sueddeutsche.de/computer/325/322193/text/

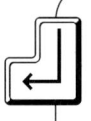

1. **Lies dir den Text aufmerksam durch. Welche Informationen erhältst du über Online-Sucht? Markiere die wichtigsten Informationen.**

2. **Bildet Zweiergruppen, und sucht im Internet bei *www.google.de* nach Möglichkeiten, mit einer Online-Sucht umzugehen. Tragt die Ergebnisse zu den nachstehenden Fragen zusammen:**

    a) Woran erkennt man, dass jemand online-süchtig ist?
    b) Was kann man tun, wenn man weiß, dass jemand online-süchtig ist?
    c) Was kann man tun, wenn man selbst online-süchtig ist?

Folgende Internetseiten können euch dabei helfen, Antworten zu finden:
www.onlinesucht.de
www.rollenspielsucht.de

Alles gelesen?

Kapitel 11

> Führe die folgenden Sätze aus Kapitel 11 zu Ende, und lege Seite und Zeile mit dem Zeilenlineal fest.

a) Aber es war drei Uhr morgens gewesen,

_____

Seite: ☐   Zeile: ☐

b) Doch Max grinste nur

_____

Seite: ☐   Zeile: ☐

c) Er schlich durch den Flur in sein Zimmer,

_____

Seite: ☐   Zeile: ☐

d) Da war wieder diese seltsame Art,

_____

Seite: ☐   Zeile: ☐

e) Dragonheart war jetzt bei 30,

_____

Seite: ☐   Zeile: ☐

f) Max wusste, dass es kaum möglich war,

_____

Seite: ☐   Zeile: ☐

g) Eine Riesenechse

_____

Seite: ☐   Zeile: ☐

h) Als er gerade den entscheidenden Sprung machen wollte,

_____

Seite: ☐   Zeile: ☐

i) Doch ihre Worte gingen in dem Klatschen der Ohrfeigen unter,

_____

Seite: ☐   Zeile: ☐

Literatur-Kartei: „Im Netz gewinn ich jeden Fight!"

Ein Comic

Kapitel 11

Stelle dir vor, Max' Geschichte würde in einem Comic erscheinen. Ein Comic ist eine Aneinanderreihung von gezeichneten Bildern und kurzen Textteilen. Sprechblasen mit wörtlicher Rede können es leichter machen, die Bilder zu verstehen.

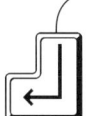

1. Lies die Seiten 71–74 noch einmal aufmerksam durch.

2. Teile den Text in einzelne Szenen ein. Überlege, wie viele Bilder du benötigst, um die Situation darzustellen.

3. Nimm ein großes Papier, und unterteile es in die Anzahl der Szenen. Zeichne dann die einzelnen Comicbilder. Nutze Sprechblasen für wörtliche Rede und kurze Sätze, um in die Szenen einzuleiten.

4. Stellt eure Comics in der Klasse vor, und diskutiert eure Ergebnisse. Was wird in den Bildern besonders deutlich? Was ist euch schwer gefallen? Was war leicht? Worin unterscheiden sich eure Comics? Wo gibt es Überschneidungen?

Der Streit

Kapitel 11

„So, jetzt ist Schluss", rief er und zog einfach den Stecker aus der Wand.
Mit einem leisen Pfiff ging der Bildschirm aus, und das Rauschen des PCs verstummte.
Max war dermaßen überrascht, dass er nicht mehr atmen konnte. Er spürte, wie sein Herz einen Sprung machte.
Und dann kam die Wut wie eine Welle über ihn.
Er sprang hoch und schubste seinen Vater zur Seite.
Der war zu überrascht, um zu reagieren, und knallte vor die Wand. Doch Max kümmerte das nicht.
Er hatte nur eins im Sinn. Und das hieß, den Computer wieder zu starten.

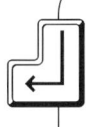

S. 75/76

1. **Lies die Seiten 74–77 noch einmal aufmerksam durch. Der Streit zwischen Max und seinem Vater endet mit einer Ohrfeige. Wie erklärst du dir die heftige Reaktion des Vaters?**

2. **Wie verhält sich Max nach der Auseinandersetzung mit seinen Eltern? Wofür interessiert er sich wirklich? Diskutiert in der Klasse darüber.**

3. **Bestimmt hast du dich auch schon einmal mit deinen Eltern gestritten. Was hast du nach dem Streit gemacht? Vergleiche dein Verhalten mit dem von Max?**

Literatur-Kartei: „Im Netz gewinn ich jeden Fight!"

Worum geht es?

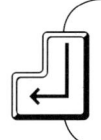

Kapitel 12

1. Lies das 12. Kapitel, und beantworte die Fragen in vollständigen Sätzen.

a) Wie lange dauert der Raid, und wer gewinnt?

_____

_____

b) Was macht Max nach dem Raid?

_____

_____

c) Wie reagiert die Mutter, als sie Max sieht?

_____

_____

d) Warum regt sich Tim so auf?

_____

_____

e) Was für eine Note hat Max in der Mathearbeit?

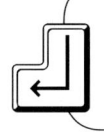

_____

_____

2. Komplettiere die Regeln für das Spiel „Mystland" in deinem Lektüre-Arbeitsheft.

Totale Erschöpfung

Kapitel 12

Ein 15-jähriger Belgier hat im Januar 2008 das beliebte Online-Rollenspiel „World of Warcraft" bis zur totalen Erschöpfung gespielt und ist schließlich ins Koma gefallen. Fast einen Tag hat es gedauert, bis er im Krankenhaus wieder zu sich kam. „Normalerweise habe ich bis 4.00 oder 6.00 Uhr gespielt und bin dann erst ins Bett gekrochen. Aber oft habe ich auch die ganze Nacht durchgespielt," sagte der 15-jährige Benjamin. Mit Kaffee und Energy-Drinks hat er versucht, die Müdigkeit zu bekämpfen. Benjamins Mutter, die allein fünf Kinder erzieht, sagt: „Ich habe wohl versucht, meine Jungs vom Computer wegzuholen, aber dann wurden sie aggressiv." Künftig will sie energischer eingreifen.

Informationen nach: www.krone.at/krone/S28/object_id__88945/hxcms/kmcom_page__1/index.html

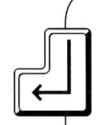

1. Lest den Text aufmerksam durch. Diskutiert dann gemeinsam in der Klasse darüber.

2. Vergleiche die Geschichte von Max mit der des 15-jährigen Benjamin. Was stellst du fest?

3. Was würdet ihr machen, wenn eine Person aus eurem Umfeld so intensiv spielt? Sammelt verschiedene Möglichkeiten auf einem großen Plakat, und hängt es in der Klasse auf.

4. Könnte es dir auch passieren, dass du für ein Online-Spiel alles, was dir bisher wichtig war, vernachlässigst? Denke in Ruhe darüber nach. Wenn du magst, kannst du die Antwort in deinem Lektüre-Arbeitsheft notieren.

Literatur-Kartei: „Im Netz gewinn ich jeden Fight!"

Freunde verlieren

Kapitel 12

Max sondert sich immer mehr von seinen Freunden ab und ist mit seinen Gedanken nur noch in Mystland. Es scheint ihm egal zu sein, dass er kaum noch Kontakt zu seinen Freunden hat.

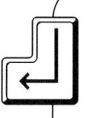

1. Lies das Kapitel 12 noch einmal ganz genau. Max vereinsamt immer mehr. Schreibe alle Sätze auf, die das verdeutlichen, und notiere die Seite und Zeile dazu.

2. Denke nun einmal über dich selbst nach: Was tust du für deine Freunde? Hast du Eigenschaften oder Verhaltensweisen, die dich von deinen Freunden trennen könnten? Ist es deshalb schon einmal zum Streit gekommen?

3. Patrick und Tim merken langsam, dass sich Max immer mehr zurückzieht. Stelle dir vor, die beiden würden sich über die Probleme ihres Freundes unterhalten. Schreibe einen Dialog zwischen Patrick und Tim, in dem sie überlegen, was mit ihrem Freund los ist und wie sie ihm helfen können.

Schreibe in dein Lektüre-Arbeitsheft!

Lesen mit Hindernissen

Kapitel 13

Bei diesen Auszügen aus Kapitel 13 fehlen alle Leer- und Satzzeichen.

HerrRolandstandmitdenSchlägernmittenimRaum

EinernachdemanderenschliefensieeinAberMaxkonntekeinAugezutun ErwarnervösundaufgeregtImmerwiederdachteeranMystlandSoeine verfluchteScheißeflüsterteerJelängererwachbliebdestowütender wurdeerunddestoöfterdachteerandasSpielUnddarandasseraufder Klassenfahrtnichtspielenkonnte

DannbrachderSturmlosPatrickholteausundtrafMaxmitderflachen HandamKopfDerhattenichtdamitgerechnetundtaumelteetwaszurSeite DochderSchmerzbewirktedassMaxnurumsowütenderwurde

1. Setzt euch zu zweit zusammen. Jeder übernimmt einen Abschnitt und liest diesen zunächst still für sich. Dann lest ihr eurem Partner den Abschnitt laut, möglichst mit richtigen Pausen und mit der richtigen Betonung, vor.

2. Schreibt dann den Text mit den richtigen Satzzeichen in euer Lektüre-Arbeitsheft. Tauscht die Hefte aus, und korrigiert mit Hilfe des Buches, ob ihr alle Zeichen richtig gesetzt habt.

Suchtkriterien

Kapitel 13

Für Betroffene ist es meist gar nicht so leicht, sich eine Internetsucht einzugestehen. Viele gehen davon aus, dass man erst süchtig ist, wenn man rund um die Uhr online ist. Einige Menschen sind jedoch internetsüchtig, obwohl sie nur wenige Stunden im Internet verbringen, andere sind länger online und leiden dennoch nicht unter einer Internetsucht. Es müssen also andere Faktoren hinzugezogen werden, um aufzudecken, ob eine Internetsucht vorliegt oder nicht. Anhand der folgenden zehn Aussagesätze kann man prüfen, ob man bereits süchtig oder stark gefährdet ist. Als gefährdet gilt, auf wen vier oder mehr der Aussagen zutreffen.

1	Mich beschäftigt das Internet, auch wenn ich nicht online bin.
2	Damit ich zufrieden bin, verbringe ich immer mehr Zeit im Internet.
3	Es fällt mir sehr schwer, meinen Internet-Konsum zu kontrollieren.
4	Wenn ich versuche, meinen Internetkonsum einzuschränken, werde ich nervös, unruhig und reizbar.
5	Das Internet nutze ich dazu, vor Problemen zu fliehen oder meine schlechte Laune zu verbessern.
6	Ich lüge meine Familie oder Freunde an, um zu verbergen, wie viel Zeit ich tatsächlich im Internet verbringe.
7	Um online zu sein, habe ich bereits meine Position in der Schule/im Beruf in Gefahr gebracht.
8	Ich nutze das Internet, selbst wenn ich dafür hohe Gebühren zahlen muss.
9	Wenn ich nicht online bin, fühle ich mich schlecht.
10	Oft bleibe ich länger online, als ich es mir vorgenommen habe.

Informationen nach:
www.rollenspielsucht.de/
resources/RS6-
Suchtkritieren.pdf

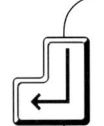

1. Besprecht die zehn Aussagesätze in der Klasse. Was haltet ihr von so einem Test?

2. Welche der einzelnen Punkte treffen bereits auf Max zu? Diskutiert gemeinsam in der Klasse.

3. Denke einmal nach: Hast du selbst solche Zustände schon einmal erlebt? Wie bist du damit umgegangen? Oder kennst du jemanden, auf den einige Kriterien zutreffen? Woran hast du gemerkt, dass er oder sie süchtig bzw. stark suchtgefährdet ist?

Entzugserscheinungen

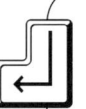

Kapitel 13

1. **Erzähle mit eigenen Worten das Wichtigste aus dem 13. Kapitel.**
   Erzähltipps: Lies das Kapitel noch einmal gründlich durch. Mache dir Notizen:
   - Wer ist an der Handlung beteiligt?
   - Was sind die wichtigsten Ereignisse in dem Kapitel?
   - Was fühlen die Hauptpersonen?
   - Was sagen/denken die Hauptpersonen?

   Erzähle dir nun selbst das Geschehen, und beobachte danach, ob du alle Punkte von deinem Notizzettel berücksichtigt hast. Erzähle dann deinem Banknachbarn das Kapitel. Besprecht zusammen, ob du alles Wichtige berichtet hast oder ob noch wichtige Informationen fehlen.

2. **Max erlebt in der Jugendherberge deutliche Symptome eines Entzuges. Was deutet darauf hin, dass Max süchtig ist?**

3. **Diskutiert in der Klasse:** Sind euch Entzugserscheinungen bekannt? Habt ihr Erfahrungen damit, entweder selbst oder bei anderen Menschen? Vergleicht die Sucht nach Online-Rollenspielen mit anderen Formen von Sucht.

4. **Max kann in der Jugendherberge nicht spielen und kann sich auch nicht mit seinen Freunden im Netz austauschen. Überlegt, was Max für Gedanken durch den Kopf gehen könnten, die seine Entzugserscheinungen verdeutlichen, und schreibt sie in euer Lektüre-Arbeitsheft.**

Literatur-Kartei: „Im Netz gewinn ich jeden Fight!"

Ein Rätsel (1)

Kapitel 14

Welches Wort fehlt? Setze die fehlenden Wörter in das Rätsel ein, und du erhältst den Lösungssatz.

1. Patrick und Tim saßen am nächsten Morgen bei Herrn _____.

2. Max ist ihr _____.

3. Max' Vater ist _____.

4. Max sitzt sehr oft vor dem _____.

5. Online-_____.

6. Die Jungs bekommen eine _____.

7. Max stellt seine Tasche in den _____.

8. Der Vater bezeichnet Max als einen _____.

9. Die _____ ist abgelaufen.

10. Der Preis beträgt EUR 15,00 für einen _____.

11. Als Max nicht spielen kann, wird er sehr _____.

12. Sein Herz beginnt, zu _____.

13. Max stiehlt einen 20-Euro-_____.

14. Max erwirbt die Prepaid-Game-Card im _____.

15. Mit der Prepaid-Game-Card ist der _____ wieder freigeschaltet.

16. Max stiehlt das Geld aus der _____ seiner Mutter.

Literatur-Kartei: „Im Netz gewinn ich jeden Fight!"

Ein Rätsel (2)

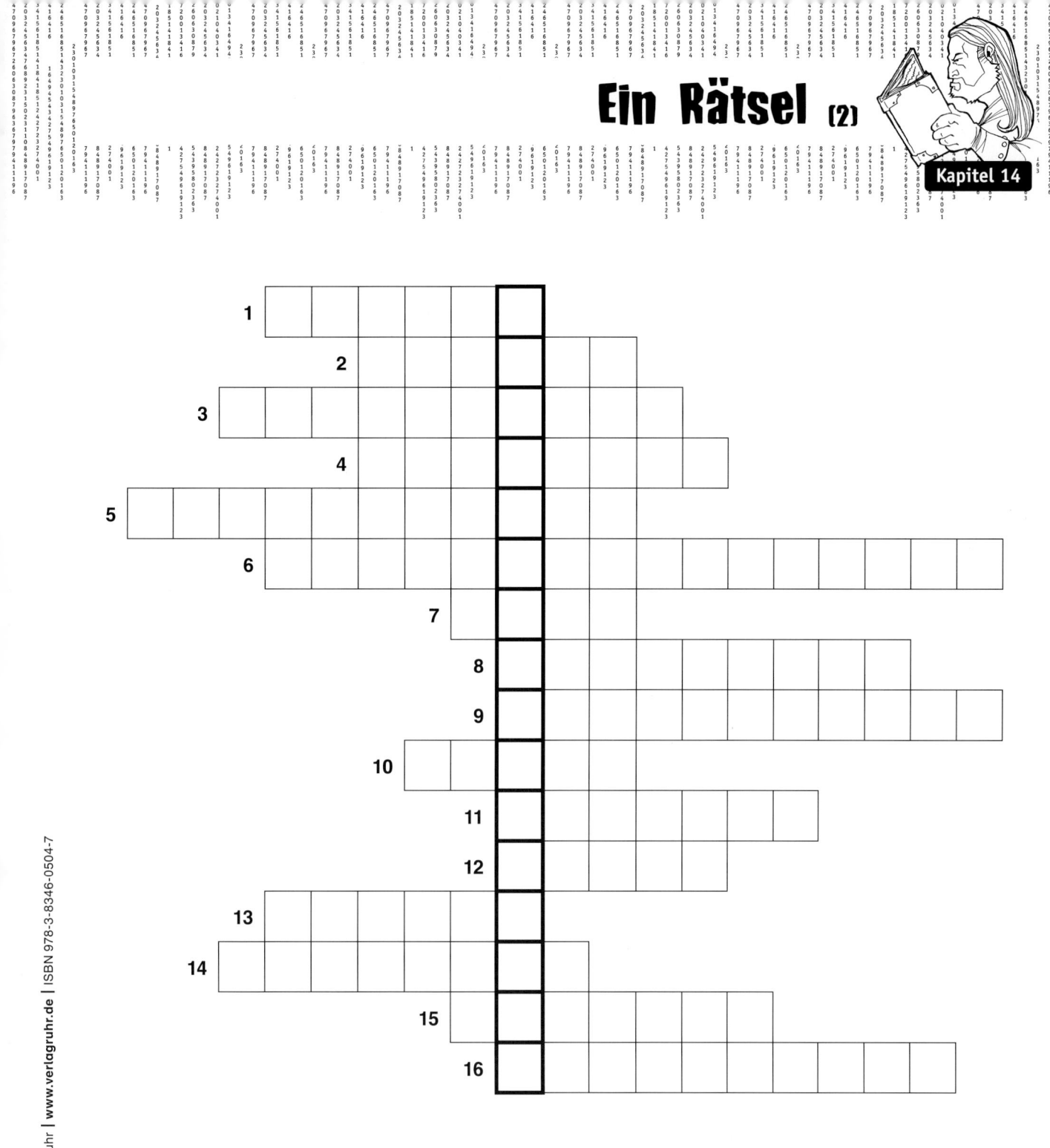

Kapitel 14

Lösungssatz:

Literatur-Kartei: „Im Netz gewinn ich jeden Fight!"

Die Schlägerei

Kapitel 14

Patrick und Tim sollen Herrn Roland von der Schlägerei mit Max berichten. Sie nehmen ihren Freund in Schutz, doch Herr Roland lässt das nicht durchgehen.
Er möchte wissen, wie es dazu kam.
Daraufhin erzählen Patrick und Tim von Mystland.

1. Setzt euch in 3er-Gruppen zusammen, und stellt euch das Gespräch zwischen Herrn Roland, Tim und Patrick vor. Wie erklären die beiden dem Lehrer, um was für ein Spiel es sich handelt und wie sie es entdeckt haben? Schreibt das Gespräch auf, sodass ihr es anschließend der Klasse vorspielen könnt.

2. Die drei Jungen müssen zwar nicht nach Hause fahren, dafür bekommen sie aber eine Klassenkonferenz. Diskutiert in der Klasse, ob alle drei eine Klassenkonferenz bekommen sollten. Besprecht auch den Sinn einer Klassenkonferenz. Welche Konsequenzen wären außerdem möglich?

Literatur-Kartei: „Im Netz gewinn ich jeden Fight!"

Wieder zurück

Kapitel 14

S. 93/94

Am nächsten Tag fuhren sie nach Hause. Herr Roland hatte die drei Jungs nicht vorzeitig nach Hause geschickt, weil die Klasse ohnehin zurückfuhr. Aber dass sie eine Klassenkonferenz bekommen würden, war klar. Die meisten konnten sich nicht voneinander trennen und blieben vor der Schule noch zusammen. Max hatte es besonders eilig, nach Hause zu kommen. Er wollte endlich wieder nach Mystland.

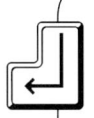

1. Wie würdest du dich fühlen, wenn du an der Stelle von Max wärst und nach dieser Klassenfahrt nach Hause kommen würdest? Und wie würden deine Eltern reagieren? Schreibe auf, was dir wohl durch den Kopf gehen würde.

2. Könnt ihr euch noch andere Verhaltensweisen vorstellen? Wie hätten Max' Eltern am besten reagieren sollen?

3. Max will sofort spielen, doch sein Weg nach Mystland ist versperrt. Was ist passiert?

4. Max stiehlt seiner Mutter Geld.
   a) Diskutiert in der Klasse darüber, wie es sich wohl anfühlt, wenn man etwas stiehlt.
   b) Könnt ihr Max verstehen? Was könnt ihr an seinem Verhalten nachvollziehen und was nicht? Findet dazu auch möglichst viele andere Möglichkeiten, wie Max besser gehandelt hätte.

Literatur-Kartei: „Im Netz gewinn ich jeden Fight!"

Wer hat was gesagt?

Kapitel 15

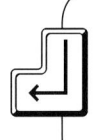

Hast du Kapitel 15 aufmerksam gelesen? Verbinde die Redesätze mit der Person, die sie gesagt hat.

a) „Kämpfen und Töten. Und zwar rund um die Uhr!"

b) „Komm, lass uns gehen."

c) „Klar …"

d) „Vielen Dank auch."

e) „Warum habt ihr nicht geantwortet?"

f) „Kennt ihr diesen Krieger?"

g) „Lass mal überlegen."

h) „Ich weiß auch nichts von einem Talados."

i) „Ja, jetzt erinnere ich mich."

j) „Kommst du mal, Max?"

- Max
- Patrick
- Dragonheart
- Tim
- Wolfsblut
- Elbenkind
- Max' Mutter
- Max' Vater

Literatur-Kartei: „Im Netz gewinn ich jeden Fight!"

Fremd sein

Kapitel 15

S. 100/101

„Vielen Dank auch", sagte sie und schmiss die Bestecke auf den Tisch. „Ich konnte den ganzen Mist allein kaufen. Außerdem frage ich mich, ob mir jemand das Geld aus der Tasche genommen hat."
Dabei sah sie Max sehr eindringlich an, aber er wich ihrem Blick aus. Mühsam humpelte sie um den Tisch und verteilte die Teller.
Max fiel wieder ein, dass sie ihn gebeten hatte, einzukaufen. Aber es war ihm komischerweise völlig egal. Es kam ihm so vor, als würde er die Wirklichkeit wie durch einen Nebelschleier sehen. Auch seine Mutter wirkte unecht und fremd.

1. Gib die Situation beim Abendessen noch einmal in deinen eigenen Worten wieder. Was geht in Max' Kopf vor?

2. Lies die Seiten 100/101 noch einmal aufmerksam durch. Wie verhält sich Max? Schreibe die entsprechenden Passagen in dein Lektüre-Arbeitsheft. Notiere die Seite und die Zeile dazu.

3. Max kommt seine Mutter unecht vor. Warum? Stelle in einer Zeichnung dar, wie für Max die Grenzen zwischen der virtuellen Welt in Mystland und der realen Welt verschwimmen.

Das Ende der Freundschaft

Kapitel 15

S. 102

Mit einem Mal fühlte Max sich allein. Er bekam ein flaues Gefühl im Magen und spürte, wie er traurig und wütend zugleich war. Seine Freunde waren nicht mehr seine Freunde. Er stand allein in der Schattenwelt. Auf einmal kam ihm Mystland unendlich groß und einsam vor.

1. Wie reagiert Max, nachdem er festgestellt hat, dass er seine Freunde aus dem Internet verloren hat? Überlege, wie Max sich wohl fühlt. Schreibe seine Gedanken in dein Lektüre-Arbeitsheft.

2. Was glaubst du: Warum interessieren sich Dragonheart, Elbenkind und Wolfsblut plötzlich nicht mehr für Max? Wie stellst du dir die Personen vor, die hinter den Charakteren stecken?

3. Was ist das Besondere, wenn man Freunde im Internet verliert? Schreibe die wichtigsten Besonderheiten im Vergleich zu dem Verlust „echter" Freunde auf. Diskutiert eure Ergebnisse in der Klasse.

Literatur-Kartei: „Im Netz gewinn ich jeden Fight!"

35 Fragen zum Roman: Ein Spiel

Kapitel 16

1. Du bist nun beim letzten Kapitel des Romans angekommen. Setze dich mit einem Klassenkameraden zusammen. Geht gemeinsam das Buch von vorne bis hinten durch, und denkt euch 35 Fragen zum Roman aus. Schreibt diese Fragen auf kleine Zettel, und notiert die Lösungen auf einer gesonderten Seite. Tauscht nun die Fragen mit einer anderen Zweiergruppe aus.

2. Nehmt nun den Fragezettel eurer Partnergruppe. Sucht euch Spielfiguren aus einem Spiel und einen Würfel. Startet alle bei 1. Würfelt, und bewegt euch nach der Anzahl der Würfelpunkte vorwärts. Beantwortet nun die jeweiligen Fragen. Habt ihr sie richtig beantwortet, dürft ihr drei Schritte vorwärts gehen, ist die Frage falsch beantwortet, müsst ihr drei Schritte rückwärts gehen.

Beispiel:
- Name des Mathelehrers
- Welches Familienmitglied von Max ist arbeitslos?

Literatur-Kartei: „Im Netz gewinn ich jeden Fight!"

Und jetzt ist Schluss?!

Kapitel 16

1. Lies dir Kapitel 16 noch einmal aufmerksam durch. Wie reagieren Max' Eltern, als Herr Roland die Vermutung äußert, Max wäre spielsüchtig? Wie verhält sich Max? Notiere die entscheidenden Sätze in deinem Lektüre-Arbeitsheft, und schreibe die Seite und Zeile dazu. Sind die Reaktionen der Eltern für dich nachvollziehbar?

2. Was sagt Herr Roland über Online-Rollenspiele? Stimmst du mit ihm überein? Oder würdest du gerne etwas ergänzen oder entgegnen?

3. Erzähle mit deinen eigenen Worten, wie sich die Situation am Schluss auflöst. Wie gefällt dir das Ende des Romans? Meinst du, es könnte sich wirklich so abgespielt haben oder sähe die Wirklichkeit wohl anders aus? Viele Leser wünschen sich ein Happy End. Du auch? Schließlich kann im wirklichen Leben nicht immer alles gut ausgehen, oder? Wie stehst du dazu? Diskutiert gemeinsam in der Klasse.

4. Welchen Vorschlag hättest du für das Ende des Romans gemacht? Max könnte sich ja auch gegen die Vorschläge seines Lehrers stellen. Oder Patrick und Tim haben keinen Bock mehr auf einen Freund, der nur noch spielt.

Literatur-Kartei: „Im Netz gewinn ich jeden Fight!"

Wie war's? Ein Brief an den Autor

Liebe unbekannte Leserin, lieber unbekannter Leser!
Nun hast du es geschafft und bist am Ende der Geschichte angelangt. Du hast 112 Seiten gelesen. Darauf kannst du stolz sein.

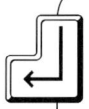

**Jetzt bin ich, der Autor, natürlich neugierig und möchte wissen, wie dir mein Buch gefallen hat.
Schreibe deine eigene Beurteilung.
Gehe dabei auf folgende Fragen ein:**

- Was hat dir besonders gut gefallen?
- Was hat dir überhaupt nicht gefallen?
- Mit welchen Personen konntest du dich identifizieren?
- Welche Person konntest du nicht leiden?
- Wie hat dir das Ende gefallen?
- Was hättest du anders geschrieben?
- Zu welchen anderen Themen möchtest du gerne einen K.L.A.R.-Roman lesen?

Ich würde mich auch sehr freuen, wenn du mir schreibst und erzählst, wie dir der Roman gefallen hat.
Richte deinen Brief – und vielleicht auch den deiner Klassenkameraden – an den

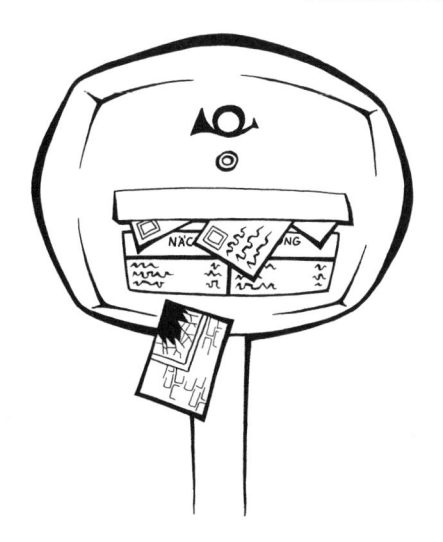

**Verlag an der Ruhr
z. Hd. Armin Kaster
Postfach 10 22 51
45422 Mülheim an der Ruhr**

Ich freue mich auf deine Nachricht.

Herzliche Grüße
Armin Kaster

Lösungen

Kapitel 1

Das Zeilenlineal (S. 5)
2. a) S. 7, Z. 22/23
   b) S. 8, Z. 18
   c) S. 9, Z. 16
   d) S. 10, Z. 5
   e) S. 11, Z. 7
   f) S. 11, Z. 10
   g) S. 12, Z. 9
   h) S. 12, Z. 22/23

Text verstanden? (S. 6)
a) Sie arbeitet in einem Supermarkt an der Kasse.
b) Sie heißt Nadine.
c) Er sieht fern.
d) Er hat seine Arbeit verloren.
e) Max spielt ein Ego-Shooter-Spiel.
f) Das Spiel heißt Alien-Alarm.
g) Sie heißen Patrick und Tim.
h) Sie hatten schon mal eine Freundin.
i) Sie sind 15 Jahre alt.
j) Sie heißt Isabelle.

Ablenkungen (S. 9)
1. b, e und j

Kapitel 2

Online-Rollenspiele – Ein Lückentext (S. 11)
1. Richtige Reihenfolge der Wörter:
   Internet – Ego-Shooter-Spiel – Charakter – Gruppen – Aufträge – Geld – Gold (hier auch Gold – Geld möglich) – Waren – Waffen (hier auch Waffen – Waren möglich) – Level.

Genau gelesen? (S. 12)
1. b) Mystland
2. a) zwei
3. a) Rudel und Völker
4. a) Rudel
5. c) Krieger
6. b) Es spielen wirkliche Menschen miteinander über das Internet.
7. c) Max soll seine Schwester aus dem Kindergarten abholen.

Computer- und Onlinespiele (S. 14)
1. Bei **Denkspielen** geht es darum, Rätsel und Aufgaben zu lösen. **Geschicklichkeitsspiele** fördern die Hand-Augen-Koordination; sie waren die ersten Computerspiele. **Actionspiele** („Shooter") zeigen das Spiel aus der Ich-Perspektive. Die Hauptaufgabe besteht darin, Gegenstände oder Gegner zu treffen. Bei **Simulationen** oder Strategiespielen geht es um das vernetzte Denken und eine taktische Herangehensweise. Bei **Adventures** geht es, wie in Abenteuerfilmen, darum, Prüfungen zu bestehen und Rätsel zu lösen; das Spiel endet, wenn man alle Aufträge erfüllt hat. In **Online-Rollenspielen** werden ebenfalls Aufträge und Missionen erfüllt. Die Spieler treffen sich jedoch online und spielen gemeinsam in Teams miteinander und gegeneinander. Das Besondere ist, dass das Spiel nie endet und es kein endgültiges Ziel gibt.

Kapitel 3

Kuddelmuddel (S. 15)
a) Sofort brach Nadine in Tränen aus und warf sich auf den Boden. (S. 19, Z. 14/15)
b) Jetzt war es fast vier Uhr. (S. 21, Z. 7)
c) Zunächst musst du dein Äußeres wählen. (S. 21, Z. 24)
d) Max hatte keine Ahnung, wie das Spiel funktionierte. (S. 23, Z. 23/24)
e) Dann sah Max fünf giftgrüne Zwerge auftauchen. (S. 24, Z. 3/4)

Zum ersten Mal in Mystland (S. 17)
1. Max startet das Spiel. Er muss sich anmelden und sich dann einen Namen überlegen, den er im Spiel benutzen möchte. Dann muss Max ein Äußeres wählen. Nachdem Max dies gemacht hat, kann er mit dem Spiel beginnen.
2. Folgende Textstellen können angeführt werden: S. 22, Z. 5–8; S. 24, Z. 13–16

Lösungen

Online-Rollenspiele (S. 18)

2. **a)** Man verbessert seinen Charakter, indem man bei Aufträgen, Missionen und Kämpfen Punkte sammelt. Auch durch Geld oder Gold (das man für seine Punkte erhält) kann man seinen Charakter verbessern, indem man sich z.B. neue Waffen kauft.
   b) Wenn man seinen Charakter verbessert, wird man im Spiel erfolgreicher, und man kann in schwierigere, aufregendere und spannende Regionen des Spiels vordringen.
   c) Bei Online-Rollenspielen spielt man nicht alleine, sondern kann sich über das Internet in Teams zusammentun und mit Spielern aus aller Welt spielen. Während des Spiels kann man online auch mit seinen Mitspielern kommunizieren.
   d) Ragnarok und World of Warcraft.

Kapitel 5

Worum geht es? (S. 23)

1. **a)** Max' Eltern streiten, weil Max' Mutter den ganzen Tag arbeiten muss und der Vater, der arbeitslos ist, nichts im Haushalt macht, obwohl er die Zeit dazu hätte. Die ganze Arbeit bleibt an Max und seiner Mutter hängen, während der Vater faul auf dem Sofa liegt.
   b) Die Mutter stört, dass sich der Vater auf Grund der Arbeitslosigkeit hängen lässt und nicht im Haushalt hilft.
   c) Der Vater meckert rum und findet die Situation nicht so schlimm. Er verspricht der Mutter immer wieder, dass sich am nächsten Tag alles ändern wird.
   d) Nadine ist hilflos und guckt ihre Eltern ungläubig an. Sie stellt sich neben Max und sucht Schutz bei ihm.
   e) Max ist wütend und würde gerne schreien oder die Teller zerdeppern, aber er schweigt, fegt die Scherben zusammen und verlässt schließlich den Raum.

Kreuzworträtsel (S. 24)

Waagerecht:
1. HAUPTGEGNER
2. TALADOS
3. ONLINEROLLENSPIEL
4. DRAGONHEART
5. SPIELREGELN
6. TEUFELSMOOR
7. MYSTLAND
8. ISABELLE
9. GESCHIRRTURM

Senkrecht:
1. HANDBALL
2. ALIENALARM
3. SUESSE
4. EGOSHOOTER
5. PATRICK

Kapitel 6

Richtig oder falsch? (S. 26)

a) falsch, S. 41, Z. 18–21
b) falsch, S. 42, Z. 15–17
c) richtig, S. 42, Z. 22–24
d) richtig, S. 43, Z. 8/9
e) richtig, S. 43, Z. 13/14
f) falsch, S. 43, Z. 20/21
g) richtig, S. 44, Z. 6/7
h) falsch, S. 44, Z. 16/17
i) richtig, S. 44, Z. 17
j) falsch, S. 45, Z. 2–10

Kapitel 7

Silbenrätsel (S. 28)

a) Klassenfahrt
b) Mathearbeit
c) Durchschnitt
d) Treppenhaus
e) geplanten
f) Nadine
g) Mystland
h) Waffen
i) Unterwelt

Lösungen

Experten (S. 30)

2.

Level	in einem Computerspiel: Spielabschnitt in einem Rollenspiel: Entwicklungsstufe
Rudel	Name einer der zwei großen Völker, die in Mystland gegeneinander kämpfen; dazu gehören die Zyklopen, Blutsauger, Zombies und Grotten
Legion	Name einer der zwei großen Völker, die in Mystland gegeneinander kämpfen; dazu gehören die Menschen, Elfen, Nachtreiter und Kobolde
Krieger	Avatar, Spielfigur; auch Max wählt einen Krieger
Hauptgegner	Mitglieder des gegnerischen Volkes; für die Menschen z.B. die Blutsauger
Raid	Kampf mit anderen Online-Spielern gegen feindliche Truppen; nachdem Gegner gefunden wurden, kann man einen Ort und eine Zeit verabreden, sich treffen und gegeneinander kämpfen
Unterwelt	Name der Welt von Mystland, in der Dragonheart vermutlich nach Gegnern sucht, um seine Spielstärke aufzubessern
Quest	Aufgabe, die von computergesteuerten Figuren gestellt wird

Kapitel 8

Wer sagt was? (S. 31)
a) Waffenhändler
b) Patrick
c) Waffenhändler
d) Max
e) Kobold
f) Max
g) Tim
h) Tim
i) Patrick
j) Tim
k) Patrick

Alles behalten? (S. 32)
1. a) eine Axt
2. c) mit Edelsteinen
3. b) ein Nachtreiter
4. b) auf Samuranen
5. a) einen Kobold
6. c) In Iltarus leben die Blutsauger
7. c) „Intern"
8. a) Samstag

Kapitel 9

Satzpuzzle (S. 35)
h → a, b → j, g → c, k → d, i → e, p → f, l → n, o → m

Kapitel 10

Alles verstanden? (S. 38)

1. a) Die Klassenfahrt beginnt schon am Freitag. S. 66, Z. 5/6.
   b) Max befürchtet, dass er nicht spielen kann. S. 66, Z. 16.
   c) Tims Eltern haben ihm etwas über die Gefahren von Computerspielen erzählt und wollen mit ihm zusammen Mystland spielen. S. 66, Z. 22 – S. 67, Z. 10.
   d) Wolfsblut möchte von Max ein paar Sachen für seine Ausrüstung haben. S. 68, Z. 23 – S. 69, Z. 3.
   e) Max behauptet, er habe ein Update gemacht. S. 70, Z. 9/10.

2. a) Max war noch nie zu spät gekommen. S. 65, Z. 13/14.
   b) Alle riefen wild durcheinander. S. 65, Z. 19.
   c) Dieses ganze Gelaber ging ihm ziemlich auf den Zeiger. S. 67, Z. 17/18.
   d) Bis in die Nacht zogen die vier mit fast gleicher Spielstärke durch Mystland. S. 69, Z. 12/13.
   e) Kopfschüttelnd verließ seine Mutter das Zimmer. S. 70, Z. 16.

Kapitel 11

Alles gelesen? (S. 42)
a) als er ins Bett gegangen war. S. 71, Z. 10/11.
b) und verließ den Klassenraum. S. 72, Z. 8/9.
c) startete den PC und setzte den Kopfhörer auf. S. 72, Z. 22/23.
d) die Max schon einmal verunsichert hatte. S. 73, Z. 10/11.

Lösungen

e) Elbenkind bei 31 und Wolfsblut hatte sogar Stufe 33 erreicht. S. 73, Z. 21–23.
f) seine Spielstärke in so kurzer Zeit noch zu verbessern und annähernd so stark wie seine Freunde zu werden. S. 74, Z. 11–13.
g) war gerade dabei, ihn in Stücke zu zerreißen. S. 75, Z. 1/2.
h) flog die Tür auf, knallte gegen die Wand und Max' Vater stürmte rein. S. 75, Z. 23/24.
i) die der Vater auf Max niederfahren ließ. S. 76, Z. 22/23.

Kapitel 12

Worum geht es? (S. 45)

1. a) Der Raid dauert fast drei Stunden, und Max und seine Freunde gewinnen.
   b) Max ist so müde, dass er sofort einschläft.
   c) Die Mutter macht sich Sorgen, dass Max krank ist.
   d) Tim ist sauer, weil Max das Handballspiel vergessen hat.
   e) Max hat eine Sechs.

Freunde verlieren (S. 47)

1. Folgende Textstellen können angeführt werden: S, 83, Z. 7–11; S. 83, Z. 16–19; S. 84, Z. 6–24; S. 85, Z. 3/4; S. 85, Z. 26–S. 86, Z. 4.

Kapitel 14

Ein Rätsel (S. 51/52)

1. ROLAND
2. FREUND
3. ARBEITSLOS
4. COMPUTER
5. ROLLENSPIEL
6. KLASSENKONFERENZ
7. FLUR
8. SCHLAEGER
9. TESTVERSION
10. MONAT
11. UNRUHIG
12. RASEN
13. SCHEIN
14. GAMESHOP
15. ACCOUNT
16. HANDTASCHE

Lösungssatz: Du spielst nur noch

Kapitel 15

Wer hat was gesagt? (S. 55)

a) Max
b) Tim
c) Patrick
d) Max' Mutter
e) Max
f) Dragonheart
g) Elbenkind
h) Wolfsblut
i) Dragonheart
j) Max' Vater

Fremd sein (S. 56)

2. Folgende Textstellen können angeführt werden: S. 100, Z. 21/22; S. 101, Z. 4/5; S. 101, Z. 7–14.

Und jetzt ist Schluss?! (S. 59)

1. Folgende Textstellen können angeführt werden: S. 105, Z. 14–17; S. 105, Z. 23/24; S. 105, Z. 25; S. 106, Z. 1–4; S. 106, Z. 11/12; S. 106, Z. 16/17; S. 107, Z. 1–5; S. 107, Z. 6/7; S. 108, 3/4.

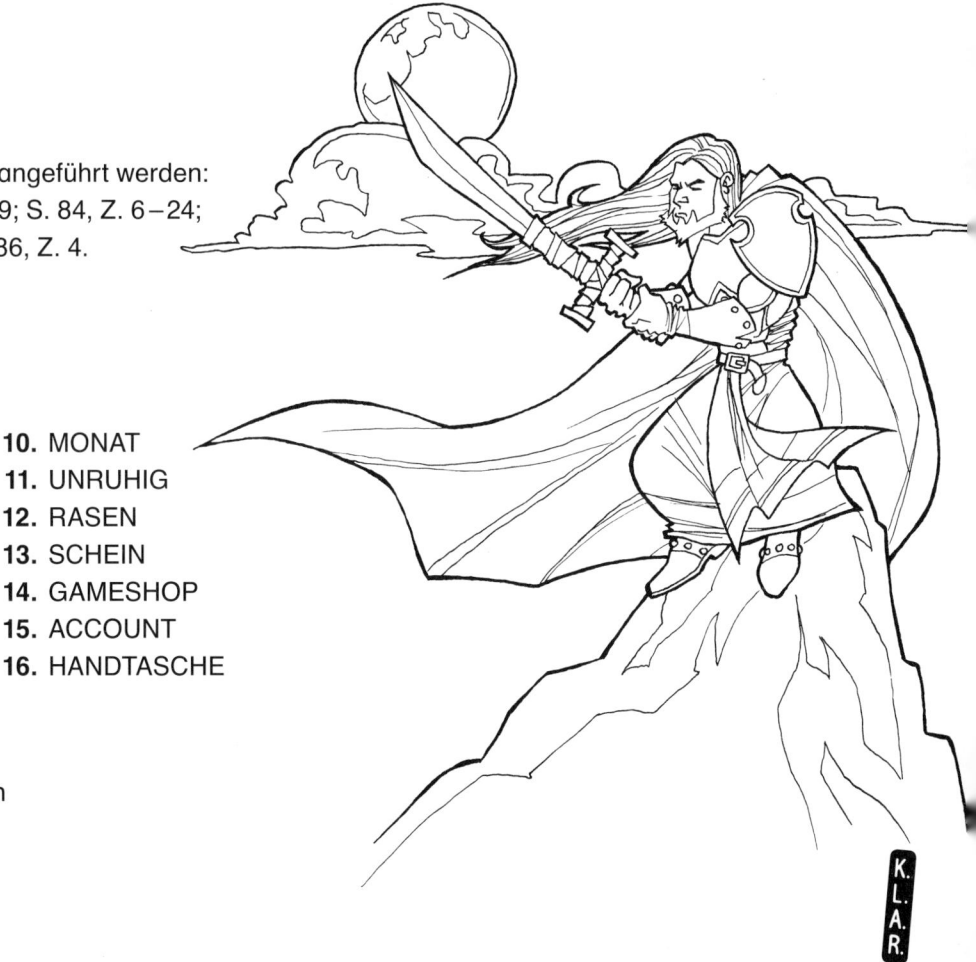

Literatur- und Linktipps

Literaturtipps

Bergmann, Wolfgang/Hüther, Gerald:
Computersüchtig.
Kinder im Sog der modernen Medien.
Weinheim, 2008.
ISBN 978-3-407-22904-5

Farke, Gabriele:
Sehnsucht Internet.
Baar, 2002.
ISBN 978-3-908-48912-2

Grünbichler, Benjamin:
Lost in Cyberspace?
Chancen und Risiken von Online-Rollenspielen
als Herausforderung für die Soziale Arbeit.
Norderstedt, 2008.
ISBN 978-3-837-05789-8

Holtorf, Christian/Pias, Claus (Hg.):
Escape!
Computerspiele als Kulturtechnik.
Köln u.a., 2007.
ISBN 978-3-412-01706-4

Kaminski, Winfried/Lorber, Martin (Hg.):
Clash of Realities.
Computerspiele und soziale Wirklichkeit.
München, 2006.
ISBN 978-3-938-02844-5

Kolitzus, Helmut:
Ich befreie mich von deiner Sucht.
Hilfen für Angehörige von Suchtkranken.
München, 2008.
ISBN 978-3-466-30527-8

Kristen, Astrid/Oppl, Caroline u.a.:
Computerspiele mit und ohne Gewalt.
Auswahl und Wirkung bei Kindern.
Stuttgart, 2007.
ISBN 978-3-170-19403-8

Lober, Andreas:
Virtuelle Welten werden real.
Second Life, World of Warcraft & Co: Faszination,
Gefahren, Business.
Heidelberg, 2007.
ISBN 978-3-936-93147-1

Rittmann, Tim:
MMORPGs als virtuelle Welten.
Boizenburg, 2008.
ISBN 978-3-940-31720-9

Linktipps*

www.internet-abc.de
Portal für Kinder, Eltern und Pädagogen, das u.a. auf
die Gefahren beim Surfen im Internet aufmerksam macht.
Außerdem gibt es umfangreiche Empfehlungen für ziel-
gruppengerechte Computerspiele.

www.games-blogger.de
Auf dieser Seite werden u.a. Besonderheiten von einigen
Rollenspielen und Shootern vorgestellt.

www.gameswanted.de
Plattform zum Thema Online-Rollenspiele mit Informationen, Literatur- und Linktipps und einem Online-Frage-
bogen. Die Faszination von Online-Rollenspielen steht
im Vordergrund.

www.internetsucht.de
Auf dieser Seite finden sich Kurzberichte einer Studien-
serie zu Stress und Sucht im Internet.

www.klicksafe.de
Diese Seite liefert Eltern und Pädagogen Informationen,
Tipps und Materialien zu den wichtigsten Jugendmedi-
enschutz-Themen und Risiken im Internet.

www.mekonet.de
Medienkompetenz-Netzwerk NRW zur Information und
Beratung. Handreichungen u.a. zu Computer- und Online-
spielen stehen zum kostenlosen Download zur Verfügung.

www.mmorpg-planet.de
Übersicht über fast alle Online-Rollenspiele, die u.a.
über die Art des Spiels und die entstehenden Kosten
informiert.

www.onlinesucht.de
Diese Seite klärt über Onlinesucht auf, stellt Auswege
aus der Sucht vor und nennt Ansprechpartner.

www.onmeda.de/krankheiten/internetsucht.html
Ausführlicher Artikel zur Internetsucht, in dem es auch
um Vorbeugung geht.

www.rollenspielsucht.de
Initiative eines Elternpaares, das seinen Sohn an
„World of Warcraft" verloren hat. Mit Informationen
und Diskussionsbeiträgen.

www.webaholic.info
Seite mit Infomaterial über Internetsucht und Hilfe für
Betroffene. Auch Online-Rollenspiele sind ein Thema.

*Die in diesem Werk angegebenen Internetadressen haben
wir geprüft (Stand Januar 2009). Da sich Internetadressen und
deren Inhalte schnell verändern können, ist nicht auszuschlie-
ßen, dass unter einer Adresse inzwischen ein ganz anderer
Inhalt angeboten wird. Wir können daher für die angegebenen
Internetseiten keine Verantwortung übernehmen.

Verlag an der Ruhr

Keiner darf zurückbleiben

Informationen und Blick ins Buch unter
www.verlagruhr.de

Mehr Motivation und Abwechslung im Unterricht
99 Methoden zur Schüleraktivierung
Kl. 5–13, 144 S., 17 x 24 cm, mit bearbeitbaren Vorlagen zum Download
Best.-Nr. 978-3-8346-2328-7

111 Ideen für das 5. Schuljahr
Vom Kennenlernspiel bis zur richtigen Heftführung
184 S., 16 x 23 cm
Best.-Nr. 978-3-8346-0892-5

Rituale und Phasenübergänge in der Sekundarstufe
...für einen strukturierten Schulalltag
Kl. 5–10, 136 S., 16 x 23 cm
Best.-Nr. 978-3-8346-2283-9

Lernen mit Projekten
In der Gruppe planen, durchführen, präsentieren
Kl. 5–13, 156 S., 16 x 23 cm, mit bearbeitbaren Vorlagen auf CD
Best.-Nr. 978-3-8346-0440-8

Eine Schule für alle
Inklusion umsetzen in der Sekundarstufe
Kl. 5–13, 359 S., 16 x 23 cm, farbig, mit bearbeitbaren Vorlagen zum Download
Best.-Nr. 978-3-8346-0891-8

Besondere Schüler – Was tun?
Mit Lernschwierigkeiten und psychischen Auffälligkeiten umgehen
für Regel- und Inklusionsklassen
Kl. 1–13, 238 S., 16 x 23 cm
Best.-Nr. 978-3-8346-0936-6

Ratgeber Inklusion
Classroom-Management im inklusiven Klassenzimmer
Verhaltensauffälligkeiten: vorbeugen und angemessen reagieren
Kl. 5–10, 183 S., 17 x 24 cm
Best.-Nr. 978-3-8346-2326-3

Höflichkeit, Respekt und gutes Benehmen
Arbeitsblätter für Jugendliche
Kl. 5–10, 84 S., Hefter mit Kopiervorlagen
Best.-Nr. 978-3-8346-2327-0

Stark überarbeitete und erweiterte Neuauflage

Inklusion in der Praxis
Deutsch inklusiv
Differenzierungsmöglichkeiten und Unterrichtsbeispiele für die Sekundarstufe
Kl. 5–13, 160 S., 17 x 24 cm, mit bearbeitbaren Vorlagen auf CD
Best.-Nr. 978-3-8346-2331-7

Bühne frei für alle
Methoden für Improvisation und Theater in Schule und Freizeit
Kl. 1–13, 152 S., 17 x 24 cm
Best.-Nr. 978-3-8346-2340-9

Inklusion in der Praxis
Fitness, Motorik und soziale Kompetenz für ALLE
Inklusion im Sportunterricht
Kl. 1–13, 183 S., 16 x 23 cm
Best.-Nr. 978-3-8346-2265-5

Konflikte selber lösen
Trainingshandbuch für Mediation und Konfliktmanagement in Schule und Jugendarbeit
Kl. 5–11, 208 S., A4
Best.-Nr. 978-3-8346-0526-9

Verlag an der Ruhr

Keiner darf zurückbleiben

Informationen und Blick ins Buch unter
www.verlagruhr.de

Burnout-Falle Lehrerberuf?
Infos, Tests und Strategien zum Vorbeugen, Erkennen, Bewältigen
Kl. 1–13, 176 S., 17 x 24 cm
Best.-Nr. 978-3-8346-2325-6

Kollegiale Fallberatung in der Schule
Warum, wann und wie?
Kl. 1–13, 100 S., 16 x 23 cm
Best.-Nr. 978-3-8346-2235-8

Wie Sie Ihre Pappenheimer im Griff haben
Verhaltensmanagement in der Klasse
Kl. 1–13, 292 S., 16 x 23 cm
Best.-Nr. 978-3-8346-0756-0

Die 1-2-3-Methode für Lehrer
Konsequent zum Lernen motivieren und Störungen vermeiden
Kl. 1–8, 254 S., 16 x 23 cm
Best.-Nr. 978-3-86072-974-8

Wenn Sanktionen nötig werden: Schulstrafen
Warum, wann und wie?
Kl. 5–13, 157 S., 16 x 23 cm
Best.-Nr. 978-3-8346-0324-1

Cool down!
Entspannungs- und Konzentrationsübungen im Schulalltag
Kl. 5–13, 136 S., 16 x 23 cm
Best.-Nr. 978-3-8346-0661-7

Relax! Entspannt Lehrer sein
120 S., 21 x 22 cm, farbig
Best.-Nr. 978-3-8346-0544-3

„Unsere Tochter nimmt nicht am Schwimmunterricht teil!"
50 religiös-kulturelle Konfliktfälle in der Schule und wie man ihnen begegnet
Kl. 1–13, 192 S., 16 x 23 cm, zweifarbig
Best.-Nr. 978-3-8346-0969-4

Ich – Du – Wir alle!
33 Spiele für soziales Kompetenztraining
Kl. 5–10, 88 S., 16 x 23 cm
Best.-Nr. 978-3-8346-0569-6

Ganz verschieden ... und doch ein Team
100 Spiele für soziales Lernen in Regel- und Inklusionsklassen
Kl. 4–13, 248 S., 16 x 23 cm
Best.-Nr. 978-3-8346-2287-7

Zivilcourage können alle!
Ein Trainingshandbuch für Schule und Jugendarbeit
Kl. 6–13, 156 S., A4
Best.-Nr. 978-3-8346-0813-0

Das interaktive Whiteboard im Klassenzimmer – und jetzt?
Informationen und Einsatzmöglichkeiten
Kl. 1–13, 99 S., 16 x 23 cm, farbig
Best.-Nr. 978-3-8346-0901-4